ちくま学芸文庫

中国目録学

清水 茂

筑摩書房

目次

中国目録学

中国目録学

中国目録学

一　書物の誕生

中国の書物に関する学問について、それをなんと名づけるか、いろいろいい方もあるだろうが、ここでは、目録学という名を使用することにした。わたくしが、一九四八年京都大学に入学した年の倉石武四郎教授の講義題目を借用したのである。題目だけでなく、内容も、倉石教授のノートをほねぐみに、吉川幸次郎・小川環樹両教授と神田喜一郎博士からおりにふれてうかがったところと、いささかの知見を加えて、まとめてみようとするもので、まず諸先生の学恩を謝したい。

目録学は、英語に相当する訳語がないというのが、倉石教授の講義のさいしょのことばであった。目録学とは、名に即していえば、書籍を分類整理して、解題目録を作成するための学問であるが、そのためには、書物の内容を熟知するとともに、その分類の意味をよく知らねばならない。だから、書物に関して、その成立の考証や版本などの研究とともに、分類に関して学術史的な知識も必要である。これを、文献学といってもよいようであるが、フィロロギーの訳語として使用されるこのことばを、ここではさけることにした。

さて、いま、日本語で、本といい、書籍というのは、いずれも、漢語であり、「ふみ」というのも、大槻文彦『大言海』によれば、「文」の字音のなまりだという。やまとことばに、本ということばがなかったというのは、日本にはがんらい本がなく、中国から渡来したものであることを示す。

ところで中国では、どうであったか。日本語の「本」にあたることばは、現代中国語では「書」であり、「本」というのは、一冊二冊と数えるのに使用される。それでは、「書」というのは、どういう意味か。文字解説の古典、後漢の許慎『説文解字《せつもん》』の序では、「竹《ちく》帛《はく》に箸《つ》（著）くる、之れを書と謂う」と見える。これは、「書く」という動詞とも、「書物」という名詞とも「文字」をさすともとれる。このばあい、実は、「文字」の六つの構成法「六書《りくしょ》」の説明にはいるためのものであるから、「書物」という意味とはいくぶん違う。しかし、この説明は、「書物」の性格をも説明しているように思う。

この「竹帛に箸くる」の箸（著）の字について、清の段玉裁《だんぎょくさい》の『説文解字注』は、附著

（着）と著明の両義を兼ねているという。つまり書き着けられた明白なことばであるということである。「書物」であるかぎり、書き着けられた文字言語であることは、もとよりだが、そのことばがそれだけで独立した明白性――はなしことばのように、場面や音調の助けをかりず――がなければならない。その点でひとつの条件をよくいい得ているといえよう。

つぎに、書き着けられる材料が竹帛（布ぎれ）であるということは、許慎のがんらいの意味である文字には、十分な条件ではない。文字は、碑石や銅器や甲骨に書き着けられることがあり得るからである。けれども書物にあっては、ひとつの重要な条件であった。

周知のように、中国で現存する最古の文字は、殷《いん》王朝の遺址から発掘された亀甲獣骨に刻みつけられたいわゆる甲骨文である。これらの甲骨文は、亀甲や獣骨がうらないに使用され、その卜《ぼく》の結果を書きとめたものであって、亀甲や獣骨と結びつけられて、はじめてそのことばの意味は完全になるのである。このばあい、重要なのは、むしろ亀甲や獣骨の卜兆であって、文字は、その説明にすぎない。それでは、文字は記載言語として、書いたものの考えを独立にあらわすものではないといえよう。文字だけで、まとまった思想をあらわすことがなければ、書物としてすべての人に普遍性を持つわけにはいかないのである。

このことは、甲骨文につづく古い文字、周代の銅器に書きつけられたいわゆる金文でも

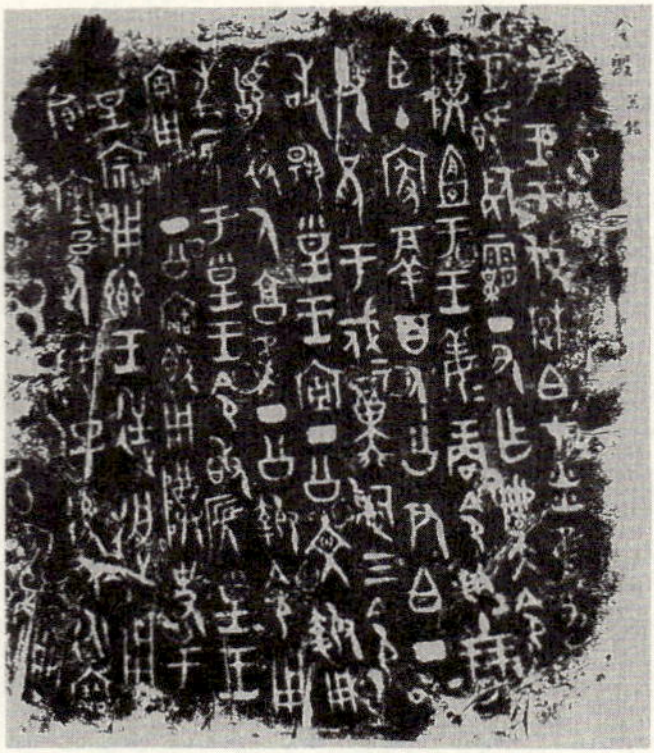

銅器の銘

いえることである。銅器に書きつけられたことばは、まれに格言的なものがあったらしいが、多くは、その器物と所有者との関係を記したものである。つまり、Aという銅器は、なになにを記念してBによって作られたとか、なになにの功績によってCに与えられたとかいうことを書きとめたものであって、これらも、書きつけられたものにより大きな価値があり、文字は、その説明としてしか存在しない。いわば、甲骨文や金文の時代には、それらの文字は、それが記載されているある特定のものと結びつけられて存在したので、一般に普遍性を持つ書物とはなり得なかった。

そうした特定のものと結びつけられていた文字が、独立して完結した記載言語となるためには、その記載されていたものから解放されなければならない。つまり、文字が記載されていたものが、特定の亀甲獣骨や特定の銅器から、特殊化されないありふれたものにとりかえられねばならなかったのである。その第一は、石であったろう。韓愈《かんゆ》や蘇軾《そしょく》の詩で有名な石鼓《せきこ》は、どういう目的のものであったか、わからないが、それに刻されたことばは、もはや、石鼓を説明するというはたらきを持たない。けれども、石には、大きな難点があった。それは重すぎることである。したがって、ある固定した場所において、記録するのには、その耐久性からいって、はなはだ便利であるが、それを広く流布することはできなかった。その耐久性と固定しているという性質から、ある土地についての説明を書きしるすのに便利であったので、碑文用に使用され、その用途は、今なおある。けれども、それは、特定の土地と結びつくという結果になり、普遍性に欠《か》けることは、甲骨や銅器と共通である。いわば、記載される材料の石からは解放されているが、石の存在する土地に結びつけてしまったのである。ただし、石は、耐久性にすぐれるところから、書物として、特殊なばあいには使用された。たとえば、後漢の熹平《きへい》四年（一七五）に、五経の文字を校定して、標準となるテキストを定め、それを碑に刻した。いわゆる熹平石経《せきけい》である。その後、魏《ぎ》の三体石経、唐の開成石経など、経書のテキストの標準を定めるために、石経は刻された。儒家の経典以外では、『老子道徳経』なども刻されている。これは、いわば、書物を石にしたわけであるが、すでに別に他の材料を使用した書物があるのであって、その補助でしかない。やはり、石は、書物とはならなかったといってよいであろう。

こうした特殊なものとの結びつきから完全に解放され、記載された材料を無視し、文字が記載言語として独立し、書物となったのは、竹ぎれや木ぎれに記録することが発明されてからである。竹ぎれや木ぎれを、記載するための材料とすることに、古代人が気づくには、そうむずかしいことではなかったと思われる。むしろ、竹ぎれや木ぎれが記録用に使用されるのを決定づけたのは、墨の発明ではなかったろうか。文字の書写に、刻むという物理的な作用から、墨という化学作用に変わるのは、ひとつの大きな革命的なことであったと想像される。つづいて、布ぎれが使用されたが、竹や木よりも便利であるはずの布が、すぐにとってかわることができなかったのは、コストの点で、竹や木よりもはるかに高価につくためであったらしい。それはともかく、竹ぎれ、木ぎれ、布ぎれの使用によって、記載するための材料による制約から、文字は解放され、独立した記載言語となった。「竹帛に箸くる、之れを書と謂う」の「竹帛」ということばが、書物に関しては、重要な条件であるというのは、こうした理由からである。

竹ぎれや木ぎれに記載された書物は、最近、考古学の発達にともない、しばしば発掘されるようになった。まず、A. Stein によって甘粛省敦煌《とんこう》から発見され（E. Chavanne (ed. & trans.)：*Les Documents Chinois, Oxford*, 1913. および羅振玉・王国維『流沙墜簡』、一九一四、参照）、つづいて、西北方では、内蒙古黒城（労榦《ろうかん》『居延漢簡』、台北、一九五七、および中国科学院考古学研究所『居延漢簡』、北京、一九五九）と甘粛省武威（中国科学院考古学研究所・甘

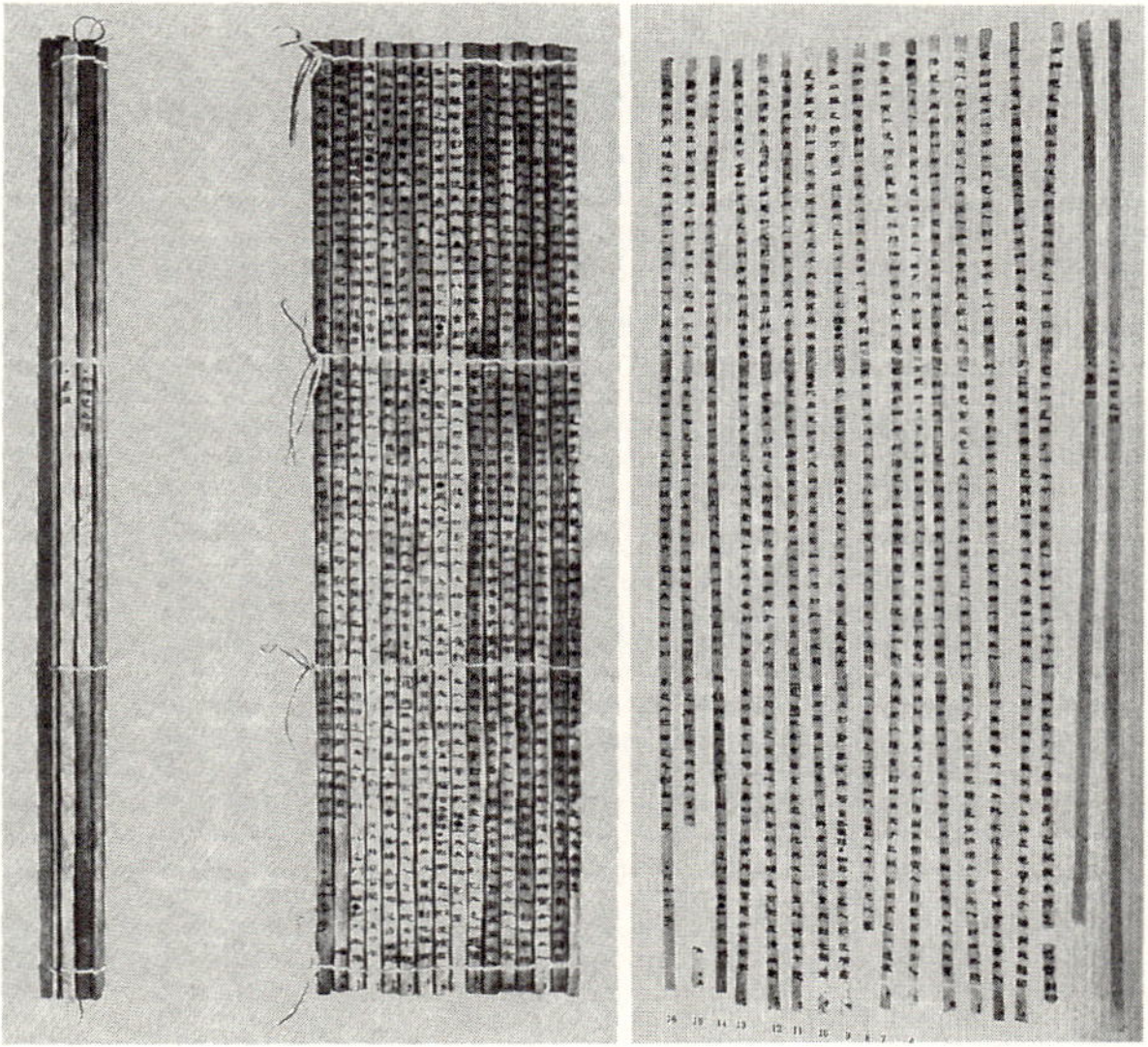

竹簡（右）と冊の復元図（『武威漢簡』より）

粛省博物館『武威漢簡』、北京、一九六四）とから発見され、南方では、湖南省長沙附近からも発見された。

それらによって、竹や木の書物の体裁を述べよう。竹ぎれの一枚を簡、木ぎれの一枚を札、もしくは木簡という。やや大型の木ぎれで、何行も書けるものは、版とか、牘《とく》とかいわれる。そのほか、「觚《こ》」といわれる三角柱の木ぎれがあり、敦煌出土のものに、前漢の史游の著わした文字をおぼえるための教科書『急就章』が書かれていた。その大きさは、「武威漢簡」の『儀礼《ぎらい》』を書いた簡札の大きさを例としてあげれば、長さ五〇―五六・五センチ、幅〇・五―〇・九センチ、厚さ約〇・二八センチで、一枚に一行、字数で約六十字が書かれている。書物とするには、一枚ではもちろん不足だから、この簡札をきぬや麻のひもでつなぎ、巻いて保存される。そのひとまとめを一編（篇）といい、そうした書物を冊（策）といった。冊は、簡札をひもでつらねた形をかたどった象形文字である。そうした書物を冊（策）といった。ところで、中国の書物は、何篇という数え方と、何巻という数え方があり、篇は簡札の書物についていい、巻は、布ぎれの書物についていうのだとされていたが、「居延漢簡」によって、簡札にも巻という数え方が使用されていることがわかった。篇は、がんらいの意味から、『詩経』のように、一つの歌を一篇と呼ぶような使用法が生まれて来、それと区別するため、巻きもの一つの意味で、巻という数え方が使用されたらしい。『漢書』藝文志《げいもんし》の六藝略《りくげいりやく》詩類が、すべて巻で数えられているのは、そのためだという。

古代の布ぎれの書物は、新疆《しんきょう》の楼蘭の遺址と湖南省の長沙から発見されたが、腐爛して原形をとどめていなかった。布ぎれの耐久性からいって、研究に耐えうる形のものが発見される可能性はおそらくほとんどないであろう。

ここで、ついでに、「本」ということばについてふれておこう。中国の字典では、『康熙《こうき》字典』などを見ても、書籍という意味が見えないが、現代語でも「本子」「本児」といえば、ノートの類とか、本文批評のときのテキストという意味に使用し、まったく無関係ではない。中国の古典語彙をあつめた『佩文韻府《はいぶんいんぷ》』を見れば、「古本」「異本」「善本」「板本」「底本」「石本」など、書物に関係した例がたくさん見つかる。ただ、注意すべきは、これらは、『論語』などと、ある題名の書物を一般的にさすのではなくて、「古いテキスト」などと、具体的なひとつひとつの「書物」の形をさしていることである。その由来は、巻子本《かんすぼん》の形から、木を一本二本と数えるように、書物を数え、それがそうした形のものをもいうようになったのではなかろうか。「讎校《しゅうこう》」(校勘)について「一人本を持し、一人書を読み」と説明する(『文選』魏都賦注引『風俗通』)ときの「本」と「書」も、同じ意味に別別の語を使用したのでなく、持つのが「本」で、読むのが「書」だという使いわけがあるように思う。

（補正）帛書の原型をとどめるものが存しないように述べたが、友人小南一郎君から注意があったので、補正しておく。一枚のおりたたまれた帛書が、湖南省長沙の戦国時代の墓の中から、第二次大戦中に発見されたが、かなりよく原型を保ち、それには絵画とその説明の文字が書かれていた。いま、平凡社版「書道全集」第一巻（東京、一九五四）に収められており、林巳奈夫「長沙出土戦国帛書考」（「東方学報」京都第三十六冊、京都、一九六四）に、内容のくわしい説明がある。この出土品に関連して、帛書の使用は、絵画からはじまったという陳槃《ちんはん》「先秦両漢帛書考」（「歴史語言研究所集刊」第二十四本、台北、一九五三）の説は、おそらく正しいであろう。

（再補）その後、中国で考古学的発掘により、各地で帛書が発見されたが、そのうち、もっとも多量に出土したのは、長沙馬王堆《ばおうたい》三号墓であって、特に『老子』は有名である。

二　目録のはじまり

竹ぎれや木ぎれの書物つまり策書や、布ぎれの書物、帛書《はくしょ》が、春秋戦国時代（前八世紀―前三世紀）、すでに相当多く行なわれていたことは、『荘子』天下篇に、恵施《けいし》という哲学者が、車五台分の書物を持っていたということを載せていることからでも察せられよう。個人の蔵書にしてこれほどあったのだから、老子が勤務していて、孔子が参観に行ったとう伝えのある周の王室図書館にはおびただしい図書が所蔵せられていたであろうと想像される。しかも、戦国時代の思想家たちの百家争鳴は、書物をどんどんと増加させていったであろう。

ところが、ここで、中国の書物の歴史上、最初の大きな災厄が待ちうけていた。形だけのこっていた周王朝が滅亡し、秦《しん》王朝が建てられると、戦国以来の言論自由の風が、秦の政策を批判したので、秦は言論統一のために異端の書を焼くことを命令した(前二一三)。いわゆる焚書《ふんしょ》である。そこで、歴史では秦の記録だけ、哲学の書は、博士(大学の教授)の官にいるもの以外のものはすべて焼き、口にのぼせてもならぬ、保存しておくのは、医薬、うらない、農学の書物だけで、法律を学ぶものは、官吏を師とせよ、ということになった。国家以外においては、医薬など技術書だけが許可されたのである。かくして、民間の図書がうしなわれ、国立図書館にだけ書物が保存されたわけであるが、それらも、秦が滅亡したとき(前二〇六)、漢の高祖の臣蕭何《しょうか》がいちはやく秦の法律、戸籍の書物を収めて、漢の政治に役立てようとしたほかは、項羽に焼きはらわれてしまった。漢が天下を統一してからも、まず注意されたのは、実用の書であって、蕭何が法律を定め、韓信《かんしん》が兵法をととのえ、張蒼《ちょうそう》が暦法や度量衡関係をあつかい、叔孫通《しゅくそんとう》が礼儀をきめたという(『史記』太史公自序)。こういうように見れば、秦が技術書だけを許したのと同じことであって、秦によって定められた個人の蔵書を禁止する、いわゆる挟書《きょうしょ》の律が廃止されたのは、漢帝国成立後十五年たった、高祖の子恵帝の四年（前一九一）であった。

しかし、漢帝国も政権が安定してくると、文化に対して注意をはらうようになり、さかんに書物をあつめ、書物の献上を奨励した。前漢の極盛期、漢の武帝（前一四一―前八七在位）の時代になると、武帝自身、熱心に書物の収集につとめ、筆写がかりをおいて、いろいろの書物を帝室図書館に所蔵させた。

そして、前漢末、成帝（前三三―前七在位）のときに、あらためて書物を収集するとともに、劉向《りゅうきょう》（前七七―前六）らに命令して、校定整理を行なわせた。そこで、現在なお、そのすがたをうかがえる最初の目録『別録』、および、劉向の子劉歆《りゅうきん》（前五〇？―二三）の『七略《しちりゃく》』が生まれることになるのである。

余嘉錫《よかしゃく》『目録学発微』（北京、一九六三）で、目録の体裁を三種に分けて、

一、分類の説明と、各書物に解題のあるもの。

二、分類の説明だけあって、解題のないもの。

三、分類の説明と解題と共になく、ただ書名だけのあがっているもの。

としている。目録が、第三類のいわばカタログ（ならべたてたもの）におわらずに、第一、第二の類を持つのは、劉向・劉歆父子がこうした伝統をはじめたためであると思われる。

劉向の『別録』、劉歆の『七略』は、現在そのままの形では伝わらないが、そのすがたをうかがうようすがはある。『別録』のほうは、書物の一つ一つの解題であったらしく、現在『戦国策』『管子』『晏子《あんし》』『孫卿《そんけい》（荀子）』『列子』『鄧析《とうせき》』『説苑《ぜいえん》』の各書に劉向の叙録が付けられており、これが『別録』の佚文《いつぶん》であろうとされる。それらによると、その内容は、全書の篇目、テキスト・クリティークの経過、著者の伝記、書名の意味や著述の由来、書物の内容およびその批判、偽書の弁別、学問の流派、書物の評価などである。

それに対し、『七略』は、図書の分類に重点がおかれていたようである。これは、班固《はんこ》（三二—九二）の著わした前漢の歴史『漢書』の藝文志《げいもんし》（書物に関する特殊文化史）が、『七略』にもとづいて、「其の要を刪《けず》り、以て篇籍に備えた」ものであるため、その要点は、『別録』よりもずっとよくわかる。

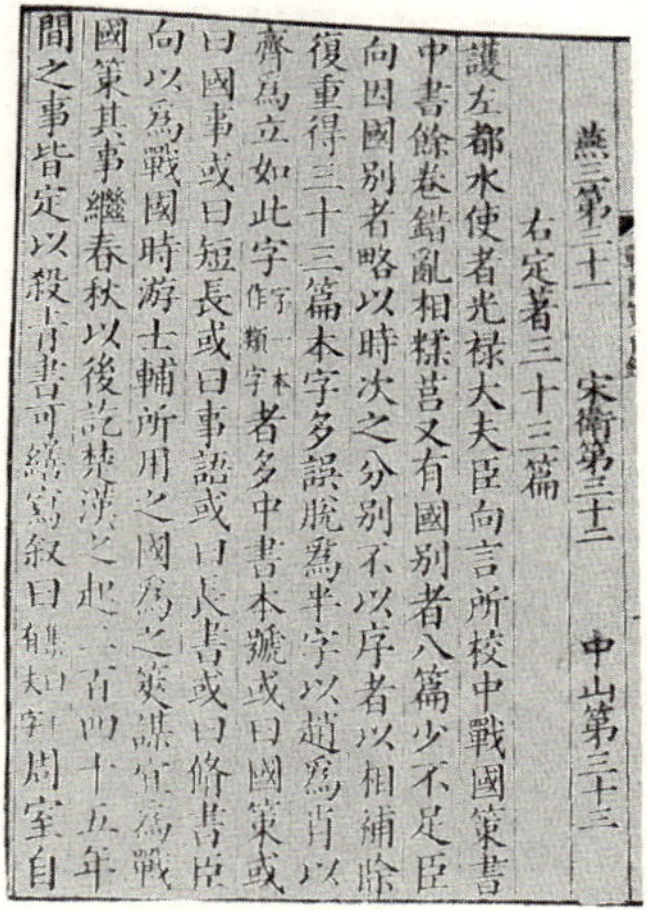
燕第三十一　宋衛第三十二　中山第三十三
右定著三十三篇
護左都水使者光祿大夫臣向言所校中戰國策書
中書餘卷錯亂相糅莒又有國別者八篇少不足臣
向因國別者略以時次之分別不以序者以相補除
復重得三十三篇本字多誤脱爲半字以趙爲肖以
齊爲立如此字（字一本作類字）者多中書本號或曰國策或
曰國事或曰短長或曰事語或曰長書或曰脩書臣
向以爲戰國時游士輔所用之國爲之筴謀宜爲戰
國策其事繼春秋以後訖楚漢之起二百四十五年
間之事皆定以殺青書可繕寫叙曰周室自

劉向『戦国策別録』

『七略』は、輯略、六藝《りくげい》略、諸子略、詩賦略、兵書略、術数略、方

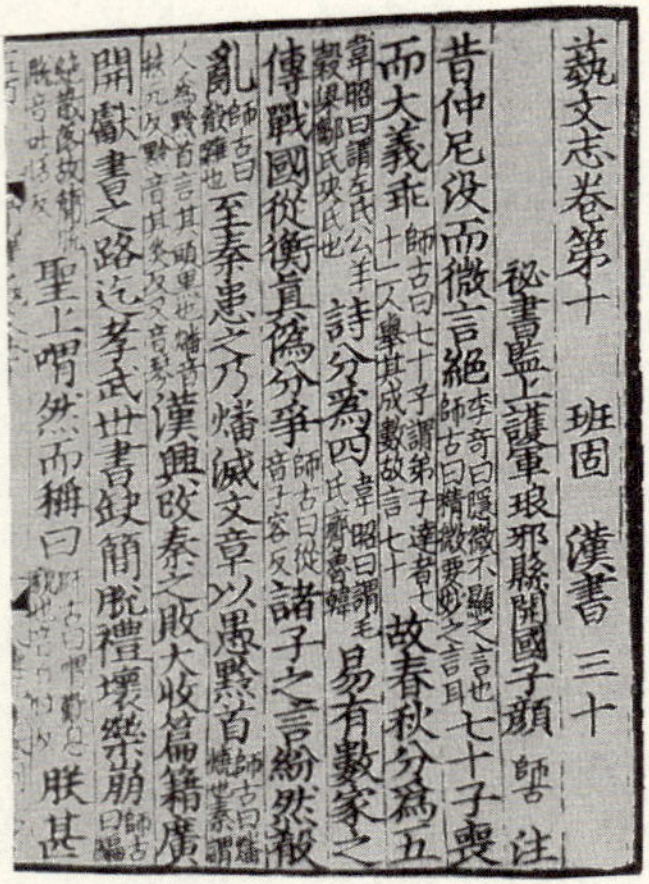

藝文志卷第十　班固　漢書　三十
秘書監上護軍琅邪縣開國子顏師古注
昔仲尼沒而微言絕　七十子喪
而大義乖　故春秋分爲五
詩分爲四　易有數家之
傳戰國從衡眞僞分爭　諸子之言紛然殽
亂　至秦患之乃燔滅文章以愚黔首
漢興改秦之敗大收篇籍廣
開獻書之路迄孝武世書缺簡脫禮壞樂崩
聖上喟然而稱曰　朕甚

『漢書』藝文志

技略の七部分より成る。そのうち、輯略は、序文に相当するものであったらしいが、『漢書』藝文志には収めていない。これをばらばらにして、各略の解説にしたのか、全くはぶいてしまったのか、あきらかではない。

六藝略は、儒家の経典をあつめた部分であって、易、書、詩、礼、楽、春秋、論語、孝経、小学（語学）の九類に区分される。だいたい、現在、経といわれるものであるが、孟子は、まだ、つぎの諸子略のなかにあり、また、『戦国策』や『太史公（史記）』などの歴史書が春秋類のなかに収められているのが注目される。

諸子略は、諸子百家の思想学説を記した書物をあつめた部分で、儒、道、陰陽、法、名、墨、縦横《しょうおう》、雑、農、小説の十類に分かれるが、小説家だけは、まともな学派と考えられず、それをはぶいて九流といわれる。「儒家者流は、蓋《けだ》し司徒の官より出づ」というように、小説家を含めて十家それぞれその源流となった官名をあげる。その学派の性格を考えるために、意味がないわけでないが、事実であるとは考えられない。六藝と諸子とは、同じく思想を説く書物であるのに、それを区別したのは、学問の分類であるよりも、価値意識であったろう。人間の道徳の規範となるべきものが、六藝であり、批判の余地のあるものが諸子であるといえよう。その書物の規範性によって、儒家が六藝略と諸子略に分かれたのは、漢の武帝以後の儒教中心政策の反映であろう。学派を分類することは、戦国時代、『荘子』天下篇、『荀子』非十二子篇などで行なわれているが、前漢では、司馬遷の父司馬談（?—前一一〇）が、「六家の要旨」を述べて、陰陽、儒、墨、名、法、道徳（すなわち道）とした。司馬談の六家以外に『七略』で新しく立てられた分類のうち、縦横は、政治弁論の術、雑は、儒・墨・名・法の折衷学派、農は、重農主義を説くものと農業技術を説くものがひとしくふくまれているが、思想として個性がすくないということで、司馬談に一つの学派と認められなかったのであろう。小説は、現在いう小説とはちがい、こまごました雑説を書きつけたものであったらしい。

詩賦類は、いわば当時の文学書である。賦は三類と雑賦と歌詩と、あわせて五つに分類される。賦が三類に分けられたのは、顧実『漢書藝文志講疏』（上海、一九二四）によれば、屈原賦をはじめとする類（『楚辞』を主とする）は、抒情を主とし、陸賈賦をはじめとする類は、説辞（議論）を主とし、荀卿賦をはじめとする類は、効物（物の形容）を主とするものだという。以上三類の賦は、個人の作家名をあげているのに対し、雑賦類は、「雑思慕悲哀死賦十六篇」「雑禽獣六畜昆虫賦十八篇」というように、テーマ別にあつめた賦で、個人の名を出さない。歌詩類は、うたわれた歌謡である。

ところで、六略のうち、以上の三略は、いわば文科の書物であるが、のこりの三略は、名からもうかがえるように技術書であって、理科の書物ともいえる。文科のものが、理科をあつかえないのは、現在とかわりなかったらしく、以上三略の書物は、劉向によって校定整理されたが、以下のうち、兵書は歩兵校尉任宏《じんこう》、数術は太史令尹咸《いんかん》、方技は侍医李柱《りちゅう》国《こく》と、それぞれ専門家によって校定整理された。だから、それぞれ一分類立てることが当然であったわけである。といって、それらの書物の数量が特にほかの三略と比べてすくないわけでなく、一分類を立ててもさしつかえないほど存在したことは注目される。後世、中国では、技術関係のことが軽視されて、その関係の書物もすくないのに、六つの分類のうち、半分が理科の書物で占められているのは、秦以来の技術重視の風がなお存していたことを示すものであるとともに、中国で技術が発達しなかったことは、本来そうした要素がなかったためではないことを示すように思う。なお、農家が諸子略に収められていることは、現在の大学の農学部の性格が法学部、経済学部などに近いところもあるのと考えあわせると興味がある。

さて、兵書略は、軍事関係の書物を収め、兵権謀、兵形勢、陰陽、兵技巧の四つに区分される。兵権謀は戦略、兵形勢は戦術、兵技巧は戦闘を説いたもの、陰陽は、古代の兵家にあった神秘性を示すもので、時のよしあしとか、鬼神の助けなどを説いたものであるらしい。

術数略は、うらないの書物であって、天文、暦譜、五行、蓍亀《しき》、雑占、形法の六種に分かれる。自然科学のおこりが、うらないから生まれがちなのは、中国でも同様である。

方技略は、医学書を収め、医経《いけい》、経方、房中、神仙の四種に区分される。神仙など、現在から見れば、医学にはいらないが、養生《ようせい》という点からすれば、同類になるのであろう。

ところで、このように書物を分類して、解題を行なうことは、書物を通じて学問を分類し、批判することであり、そこに学術史的性格を持って来る。そこで、王鳴盛（一七二二―九七）が「目録の学は、学中第一の緊要の事」（『十七史商権《しょうかく》』巻一）というように、中国ではなはだ重視せられることになるのである。

三　紙の発明と巻子本

古代の書物は、竹ぎれや木ぎれに書かれた策書と、布ぎれに書かれた帛書とであった。

しかし、策書は重量の点で、帛書はコストの点で、広く利用されるのをさまたげられていた。この二つの問題を解決したのは、紙の発明である。紙の発明によって、書物は、大いに普及されることになるのである。

紙を発明したのは、後漢の宦官蔡倫《さいりん》（?—一二一）である。かれは、刀剣などの武器の製造をする宮廷工場の工場長であり、紙の発明以後ではあるが、古典の校定事業の総裁などもしており、技術と学問とを結びつけるのに適当な人物であったようである。

がんらい、紙ということばは、帛書をさしていた。蔡倫は、その材料として、木の皮や麻くずや布くずや魚の網などを使用した。いわば、石油精製のときの廃ガスからポリエチレンを生み出したような技術革命を行なったのである。布くずで紙のようなものを作ることは、蔡倫以前から行なわれていたらしい。居延漢簡とともに発掘された紙は、漢簡の年代から考えて、蔡倫以前のものと推定される。けれども、蔡倫がすでに存在していた紙を、筆写に便利なように改良したと考えれば、蔡倫の発明の意味は大きい。かれの紙を「蔡侯紙」と称したということは、従来の紙とちがう紙という意味を持つであろう。漢の劉熙《りゅうき》の『釈名《しゃくみょう》』で、紙の語源を説明して、「紙《し》は砥《し》である。砥石《といし》のようになめらかなのをいうのである」とあるのは、語源としての当否はさておき、当時の紙がなめらかさを特徴としていたことを示す。それが筆写に便利であったのはいうまでもない。植物繊維を固めるだけで

『天工開物』製紙より

は、紙とはならないのである。そこに、ひとつの技術革命を認めねばならない。その革命者として、蔡倫を想定してもよいのではあるまいか。

さて、蔡倫の宮廷工場で紙が発明され、皇帝に献上されたのは、元興元年（一〇五）のことであったが、紙の発明が、すぐ大量生産につながるわけではない。「洛陽の紙価を高からしむ」ということばは、現在、ベストセラーであることを示す習慣的な表現にすぎないが、この出典である西晋の左思（二五〇?—三〇五?）が、「三都の賦」を書いて評判となり、貴族たちが競争で伝写したので、「洛陽これがために紙貴《たか》し」という状態となったもの

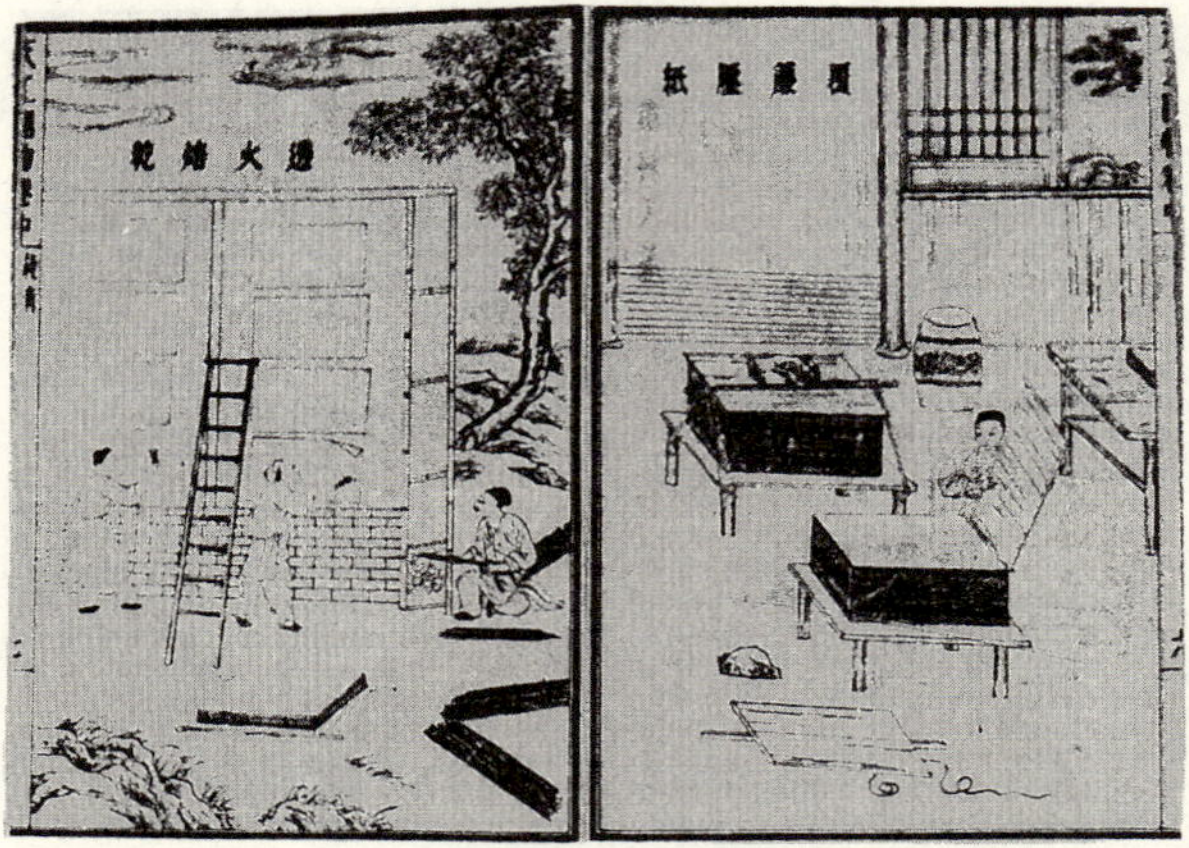

『天工開物』製紙より

がたりは、誇張でなくて、おそらく事実であったろう。「三都の賦」は、長篇とはいえ、三十巻『文選』の一巻半足らずであるから、たとえ、競争で伝写されたとしても、そう大量の紙を必要とすることはない。これから考えて、当時の紙の生産量が微少であったことが推測される。さらに、紙と策書とが官庁でさえも、併用されていて、公文書において、簡牘《かんとく》つまり竹ぎれ木ぎれに代わって、紙が専用されるようになったのは、東晋末年の桓玄《かんげん》（三六九―四〇四）の命令によるといわれる。紙は、帛書にくらべては安価ではあったが、なお、貴重なものであった。紙が貴重であったのは、ずっと後世にまで及び、紙背の利用によって、かえって貴重な古い書物が保存されることになった例もすくなくない。それは、書物自体の価値によってよりも、ある時期においては、紙の価値によって保存されて来たということなのである。

ところで、紙が発明されて、簡便な筆写材料が提供されたけれども、印刷術はもちろんないから、筆写によって書物が作られた。ただし、拓本の技術は、おそくとも後魏初年（五世紀はじめ）にあったらしい（王国維『魏石経考』四）から、すべてが写本だとはかぎらないけれども、それは、ごくわずかであった。書物が筆写によらなければならないことは、筆写する人間その他が必要なことであり、当時の帝室図書館たる秘書省の官制にも反映している。秘書省の設置は、後漢の桓帝（一四六―一六七在位）のときにはじまるというから、蔡倫の紙の発明からわずか五十年のちのことである。これは、紙の発明が書物の作成に多大の便宜を与えて、書物が増加し、専門の官吏を必要としたことを示すようである。紙の発明が、書物の増加に大きな意義を持っていたことを示すひとつの証明と思われる。ただし、一時的に、秘書は、詔勅起草を職とする中書の職務を兼ねていたこともあった。それが、魏の文帝の黄初（二二〇―二二六）はじめに、中書が分かれて、書物管理専門になったという。書物の増加が兼職を許さぬ程度に達したためであろう。

ところで、この図書館は、書物をあつめて整理し、保管するだけが職務ではない。書物を筆写し、校訂することが、しごとの大きな部分を占める。なんとなれば、書物は写本ばかりであるから、まず、それを写すことが必要であり、また、人の手で写されたときは、印刷された本のように同じというわけにいかないから、その異同を一一《いちいち》正す必要があるからである。たとえば、唐の官制を記した『唐六典《りくてん》』の秘書省の官制には、校書郎や正字というテキスト校訂のかかりがあり、筆写を職務とする楷書手は八十人もいる。図書館自身が写本を作っていかなければならなかった時代の反映である。

これらは、常置の官であるが、しばしば、国家の事業として、書物のテキスト校定が行なわれたことが歴史書に見える。もっとも有名なのは、さきに述べた劉向・劉歆父子の校書であるが、そのほかにも、しばしば行なわれた。姚名達《ようめいたつ》『中国目録学史』（上海、一九三八）によれば、漢代に七回、魏呉晋に六回、南北朝に十数回、唐代に四回、宋代に五回、元明にはなく、清代に『四庫全書』の校定がある。唐までを写本の時代、宋は、印刷された刊本への過渡期、元以後を刊本の時代とすれば、書物の校定ということが、写本と深く関係するものであることが、以上の数字からでもうかがえるであろう。

書物は、さいしょ、自分の必要のために筆写されたのであろうが、やがて商品として生産されるようになる。商品として生産されるのは、たぶん、そうむかしからあったことではないであろうが、書物を売る店は、紙の発明される以前、おそくとも後漢のはじめには存在した。合理主義の哲学者として知られる後漢の王充《おうじゅう》（二七―九七頃）は、貧乏なため、洛陽の市場へ行って、販売されている書物を立ち読みし、それを記憶したという記事が、『後漢書』のかれの伝記に見えている。そうした書店で販売されていた図書は、おそらく、はじめは、それを自身筆写し使用していた人間から、死やその他の理由によって、その手をはなれ、流通市場にあらわれたものであろう。だが、やがて、注文生産の時代が来る。南北朝には、筆写の専門家があらわれ、唐代になると、「経生」と呼ばれる筆写業が成立し、また、貧乏な知識階級は、筆写を内職として生活の資を得ることもあった。

ところで、紙の発明によっても、書物の形態は、変化を来さず、巻きものの形であった。巻きもの、すなわち、巻子本《かんすぼん》は、布ぎれの書物、帛書をまねたものであり、さらにさかのぼれば、簡札の書物、策書を模したものといってもよいであろう。帛書が、長沙出土品のように、おりたたむこともできるにかかわらず、巻子本の形をとったのは、長篇のものを読むのに、便利であるためもあろうが、それよりも、策書が巻きものであったため、その形式をついだものと考える方が適当であろう。そして布ぎれは、長く織りつづけることができるから、巻きものの形は、はなはだ適切であった。しかし、紙のばあいは、現在の洋紙のように長くロールに巻きとることはできず、ある大きさの限定のあるものであったから、巻きものとするには、何枚もつなぐ必要があり、巻きものは、紙にとって、必ずしも、もっとも便利な形式ではなかった。それにもかかわらず、巻子本の形をとったのは、帛書をまねたものであり、その形式が長くつづいたことは、書物の形式の保守性をものがたるものであろう。

巻子本は、大体四つの部分より成る。

一つはいうまでもなく「紙」、これは、はりあわせることによって、長さは自由にできる。虫よけのため、黄蘗《おうばく》（きはだ）の汁で黄いろく染められることが多かった。

つぎに、「紙」の左端につけ、巻いたときに中心になる「軸」。紙の幅よりは長くして、ひろげたり、巻いたりするのに便利なようにしてある。材料はうるしぬりの木の棒が多いが、隋の煬帝《ようだい》（六〇四―六一八在位）の蔵書は、瑠璃《るり》を用いたものがあり、唐の玄宗（七一二―七五六在位）皇帝の蔵書は象牙を使用したという。

つぎは、「紙」の右端につけ、いちばん外のカバーになる部分で、「褾《ひょう》」という。丈夫な紙か、きぬが使用された。

そして、「褾」につけられて、巻きものをしばるひもがあり、これを「帯《たい》」といった。

巻子本は、何巻かをひとまとめにして、さらに、布か細い竹で作った筆まきようのもので、包まれることもあった。これが「帙《ちつ》」である。現在、日本でいう帙は、箱型であるが、がんらいは、巻子本に適当なように、角のないものであった。

このように巻かれた巻子本は、書架に積まれて保存されたが、検索するものには、軸の一端しか、こちらに見えないことになる。そこで、その書物が何であるか、その軸の端に、書名を書きつけた象牙のさきのとがったふだをとりつけることにした。これが「牙籤《がせん》」である。呉服の反物の軸のはしに、細長い三角の紙きれをつけて商品名や価格をかきこんでおくようなものである。

ところが、巻子本は、さいしょから通読するときには、さしつかえないが、途中から読むとか、ある箇所を調べるときには、そこまでの部分をすべてひろげねばならないので、はなはだ不便である。当時の学問が、まず記憶からはじまったこと、つまり暗誦することが教育のはじめであったことは、こうした書物の形態とも関係あるものであったろう。巻子本のこの不便を解決するためには、書物の形式の改革が要求され、折本や冊子本が発明されることとなった。

四　分類の変遷

前漢末、劉向・劉歆父子による帝室図書館の図書の整理は、『別録』『七略』の二種の目録を作り出した。班固の『漢書』藝文志は、『七略』にもとづいて書かれたが、以後、魏晋南北朝を経て、隋に至るまで、正史のなかに、書物に関する特殊文化史は収められなかった。「漢志」についで、二番めのものは、唐初、于志寧《うしねい》らによって編集された『隋書』経籍志《けいせきし》である。『隋書』は、唐の朝廷で編纂された隋の歴史であるが、特殊文化史である「志」の部分は、がんらい、隋のほか、それにさきだつ、北周・北斉・梁・陳の時代もあわせた「五代史志」として編集されたのを、『隋書』のなかへ収めたものである。経籍志で、しばしばある書物の下に注を加えて「梁若干巻」と記し、梁代以後の存亡をあきらかにしているのは、そうした「五代史」という性格で編纂されたおもかげを残しているのかもしれない。ところで、「隋志」の意義は、漢代以後の書籍の歴史を簡明に書きつけてのこしたばかりでなく、その分類に『七略』風のをやめて四部分類を採用したことである。四部分類は、以後ずっと、書籍の分類の標準となった。

四部分類をはじめたのは、「隋志」のできるずっと以前、『七略』ができてから約三百年後の晋の荀勗《じゆんきよく》（?—二八九）が宮中の書物を整理して『中経新簿』という目録を作ったときであるといわれる。「隋志」によれば、それはつぎのような分類であった。

一、甲部　六藝及び小学等の書。
二、乙部　古代の諸子、近代の諸子、兵書、兵家、術数。
三、丙部　史記、旧事、皇覧簿、雑事。

四、丁部　詩賦、図讃、汲冢書《きゅうちょうしょ》。

『七略』の分類とくらべると、乙部のなかに、もとの諸子略・兵書略・術数略の三つがふくまれていることがわかる。方技略がどこへはいったか、これでは、わからないが、乙部へはいったと考えるのが、おだやかであろう。いわば、兵書・術数・方技（？）の三略は、諸子略へ合併されたようなものである。前漢末の書物整理のとき、この三略は、それぞれ専門家の手をわずらわせたが、もし、専門家によって分担されないとしたら、その分量次第によっては、それらが独立する意味はなくなるであろう。荀勗のときに、まさしくそうした事態が生じたと思われる。これは、兵書・術数・方技という理科系の技術を説く書物が、専門家でなくてもあつかえるようになって来たことと、新著がすくないことを示すもので、これら科学の衰微をうかがわせる。

つぎに、増加した分類は、歴史書を中心とする丙部である。『七略』では、司馬遷の『史記』など歴史書は、六藝略の春秋類の中に分類されていた。しかし、固定した分量の経書や、あまり発展しなかった諸子百家の哲学書にくらべて、歴史書は、時代とともにいちじるしく増加する。おそらく、紙の発明によって、記録が容易に行なえるようになったことも、その勢いに拍車を加えたであろう。その分量の増加は、春秋類に附録することを不可能にし、経書や諸子とならんで、一つの分類を要求するまでになった。四部分類は、このような学問の変化に適応するべく、新しくはじめられたのであった。

なお、丁部は、ほぼ『七略』の詩賦略に応ずるが、そのほか、図讃、つまり図画を中心にした書物、および汲冢書、すなわち当時新たに汲郡（いま河南省にある）の戦国時代の魏の国王の墓から発掘された簡牘《かんとく》の書物を含んでいる。これは、内容が詩賦に似ているからでなくて、書物の形式が、画だとか、簡牘だとか、ほかの書物にくらべてちがうものを、最後にまとめておいたと考えるべきであろう。それは、現実に存在する書物の整理にとっては、便利な方法であるからである。

晋は、北方の異民族に追われ、長江をわたって、いわゆる東晋となる。そのとき、戦乱によってめちゃめちゃになった宮中の図書の存佚《そんいつ》をたしかめるため、李充が、荀勗の目録にもとづいて、新しく目録を作り、荀勗の目録の乙部と丙部とを入れかえ、乙部を歴史書、丙部を諸子百家の書とした。それ以来、経史子集の順序は固定して、現在まで及んでいる。なお、甲乙丙丁という名は、いわば、ＡＢＣＤというような符号であって、特別の意味はない。

このように、時代の要求に適応するように、四部分類が行なわれるようになったが、『七略』の七の字にこだわって書物を分類しようと試みた人がないわけではない。南朝の宋（劉宋）のとき、王倹（四五二―四八九）は、『七略』にならって、『七志』という目録を作った。それは、一、経典志、二、諸子志、三、文翰志、四、軍書志、五、陰陽志、六、術藝志、七、図譜志の七つに分類した。一から六までは、ほぼ『七略』に応じ、輯略に相当するものがないので、図譜志をこしらえたが、これは、荀勗が図讃を丁部に附したのと同じ態度であろう。けれども、『七略』をまねながら、別の分類基準によって図譜を一分類に加えた点は、ことさら七の数字にこだわったといわねばならない。そのうえ、このころになると、仏教・道教の書物が増加して、それぞれ一分類をなすほどになり、あとに附録されたから、実は、九分類であった。けれども、この分類は、時代を無視して、『七略』のむかしにかえろうとしたものであったから、一般に行なわれなかった。

梁になって、劉峻《りゅうしゅん》（孝標、四六二―五二一）が『文徳殿目録』を作ったとき、術数だけを区別して、祖暅《そけん》に担当させ、五部目録とした。これは、理科関係の書物は、やはり、専門の人を当てた方がよいという事情があったのだろう。

同じく梁代に、阮孝緒《げんこうしょ》（四七九―五三六）が、七分類の伝統の数字を用いつつ、分類の内容を異にした『七録』を作成した。それは、一、経典録、二、記伝録、三、子兵録、四、文集録、五、技術録、六、仏録、七、道録と分類され、一から五までは、『文徳殿目録』の五部にならい、六、七は、王倹『七志』の附録を、七の数の中へ入れたわけである。だから、『七略』の七の数字はあっても、実質は、五部分類であって、四部分類のヴァリエ

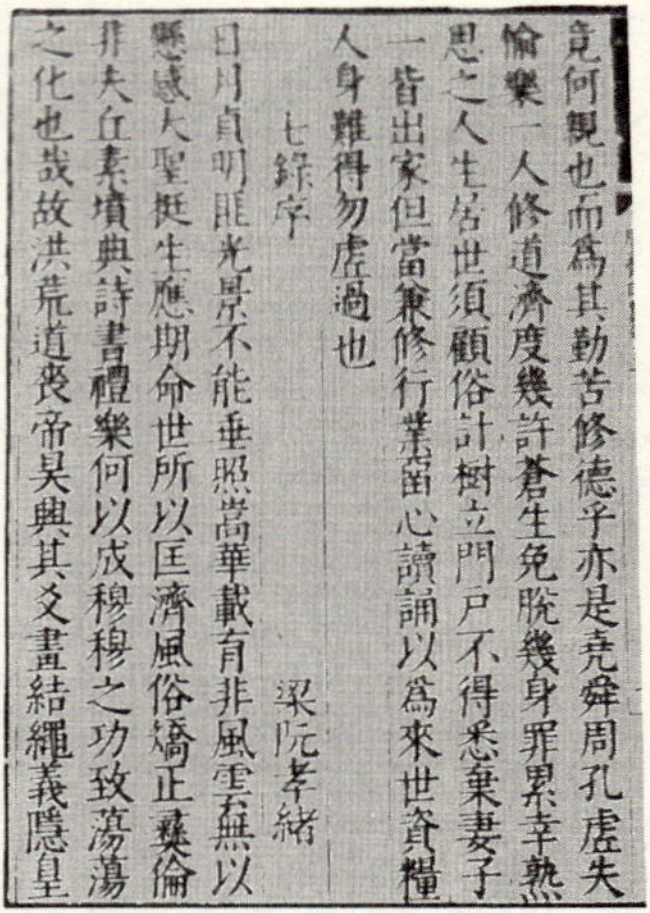
竟何覩也而爲其勤苦修德乎亦是堯舜周孔虛失
愉樂一人修道濟度幾許蒼生免脫幾身罪累幸熟
思之人生居世須顧俗計樹立門戶不得悉棄妻子
一皆出家但當兼修行業留心讀誦以爲來世資糧
人身難得勿虛過也

七錄序　梁阮孝緒

日月貞明匪光景不能垂照嵩華載育非風雲無以
懸感大聖挺生應期命世所以匡濟風俗矯正彝倫
非夫丘素墳典詩書禮樂何以成穆穆之功致蕩蕩
之化也哉故洪荒道喪帝昊興其爻畫結繩義隱皇

『七録』序（『広弘明集』巻三）

ーションといってもよい。この『七録』は、序文と目録が、仏教関係の詩文をあつめた唐の釈道宣（五九六―六六七）の『広弘明集《こうぐみょうしゅう》』巻三に収められ、その内容をうかがうことができる。

けれども、次第に七の数字にこだわることがなくなり、隋の許善心（五五八―六一八）が『七録』にならって、『七林』を作ったのを最後に、「五代史志」すなわち「隋志」では、四部分類を採用して、別に道・仏を附載することにした。

四部分類は、甲、乙、丙、丁で呼ばれて来たが、それは、おそらく荀勗の分類のとき、一分類にある名称でまとめて呼べない要素、すなわち、丁部の詩賦、図讃、汲冢書をひとまとめに呼べないような事情があって、適当な名称を与えにくかったためかもしれない。

しかし、次第に、それぞれの分類が内容によって整頓されて、経、史、子、集と呼ばれるようになった。余嘉錫『目録学発微』によれば、北斉の顔之推《がんしすい》（五三一―五九〇？）の

「観我《かんが》生賦《せいふ》」の自注に、その名称が見えるから、南北朝にはすでに存在した、と考証されている。

つぎに、現存する中国第二の綜合書目、「隋志」の分類をあげよう。

甲部　六藝経緯　六二七部　五三七一巻

易、書、詩、礼、楽、春秋、孝経、論語、緯讖《いしん》、小学、以上十類

乙部　史之所記　八一七部　一万三二六四巻

正史、古史、雑史、覇史、起居注、旧事、職官、儀注、刑法、雑伝、地理、譜系、簿録、以上十三類

丙部　諸子　八五三部　六四三七巻

儒、道、法、名、墨、縦横、雑、農、小説、兵、天文、暦数、五行、医方、以上十四類

丁部　集　五五四部、六六二二巻

楚辞、別集、総集、以上三類

道経　三三七部　一二一六巻

仏経　一九五〇部　六一九八巻

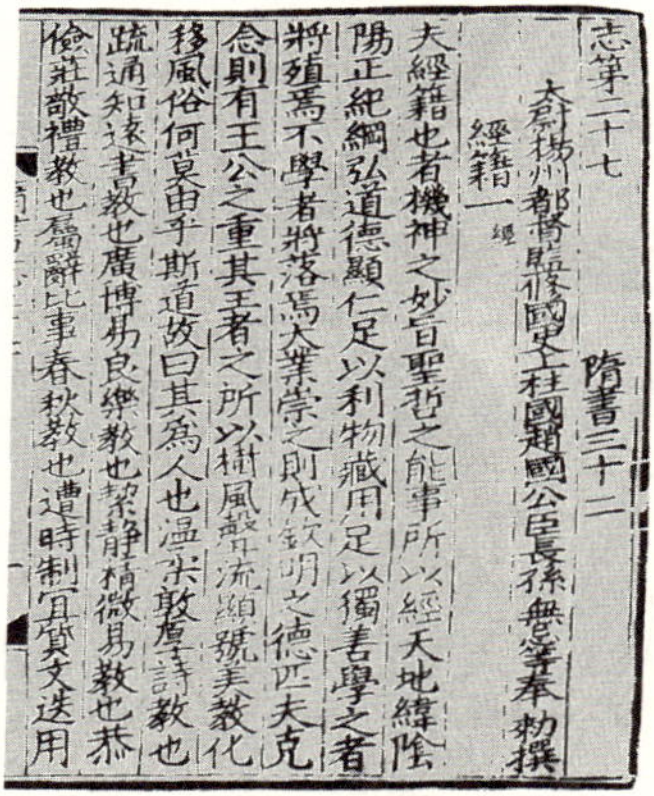
志第二十七　隋書三十二
太尉揚州都督監修國史上柱國趙國公臣長孫無忌等奉勅撰
經籍一　經
夫經籍也者機神之妙旨聖哲之能事所以經天地緯陰
陽正紀綱弘道德顯仁足以利物藏用足以獨善學之者
將殖焉不學者將落焉大業崇之則成欽明之德匹夫克
念則有王公之重其王者之所以樹風聲流顯號美教化
移風俗何莫由乎斯道故曰其爲人也溫柔敦厚詩教也
疏通知遠書教也廣博易良樂教也絜靜精微易教也恭
儉莊敬禮教也屬辭比事春秋教也遭時制宜質文迭用

『隋書』経籍志

これからでも史部が他の部に比べて、巻数で約二倍あり、そのいちじるしく多いことが注意されるであろう。『七略』の分類が通用しなくなったのも当然といえる。

唐代以後は、この「隋志」のような四部分類をするのがふつうになる。そして、正史には、『旧唐書《くとうじょ》』以下、おおむね、特殊文化史たる志のなかに「藝文志」もしくは「経籍志」を収めている。これら正史の「志」は、たいてい、だれかがすでに編纂した目録を利用するのがつねで、たとえば、「旧唐書経籍志」は、毌煚《かんけい》の『古今書録』を利用し、「宋史藝文志」は、宋の『秘書書目』『中興館閣書目』『中興館閣続書目』を利用している。だから、それらは、現実にどこかの図書館に存在した書物の目録なのであって、学問の分類とともに、書物を収蔵するときの便宜をも考えた実用性をも持っていた。正史の「志」のなかで、特別なのは、清朝に作られた『明史』藝文志であって、黄虞稷《こうぐしょく》（一六二九—九一）の『千頃堂書目』にもとづいて、明一代の著作のみを収めた。図書館の蔵書目録から、著述目録へと性格が大きくかわったわけである。

しかし、自分の見識によって、ふつうの四部分類と異なる新しい分類をしようと試みた人ももちろんある。たとえば、宋の鄭樵《ていしょう》（一一〇二—六〇）がその一人である。かれは、古代からの紀伝体の歴史『通志』を著わし、それに書物に関する特殊文化史として藝文略を収めた。それは、古代からの書物を、実際に存在するかどうかには関係なしに分類したもので、経類、礼類、楽類、小学類、史類、諸子類、天文類、五行類、藝術類、医方類、類書類、文類の十二とした。天文、五行、藝術、医方を諸子から分けたのは、『七略』にかえろうとしたものであるが、これは、結局は、机上の分類であったから、かれ個人の見解を提出したにとどまった。『七略』から四部分類へ変化したのは、時代の要求に適応したのであって、それを、ただ、むやみに古代のすがたに返そうとしてもむずかしい。清の章学誠(一七三八―一八〇一)の『校讎通議』巻一にいう、「凡《およ》そ一切の古無くして今有り、古有って今無き書は、其の勢の判《わか》ること霄壌《しょうじょう》(天地)の如し。又安《いずく》んぞ七略の成法を執って、以て近日の文章を部次するを得んや」と。学問のちがいから、書物の性質が変化し、それにつれ分類も変化すべきものなのである。

五 印刷術の発明

読書する人が多くなるにつれ、書物を一一筆写していては、その需要に応じきれなくなる。そこで、書物の大量生産の方法が考えられて、印刷術が発明された。印刷術によって、一度に大量の書物が生産できるようになっただけでなく、筆写にともないがちの誤写をまぬがれるという利益もあった。写本であれば、一部一部のテキストがそれぞれちがうといってもよいぐらいの異同があるが、印刷された刊本は、同じ原版であれば、何十部、何百部でも同じテキストのものができるわけである。

ある型を作って、それを紙に写しとるという技術は、印刷術以前に何種類も存在していた。それらの技術の応用から、印刷術は生み出されたといってよいであろう。

そうした源流のひとつとして、まず、拓本の技術があげられる。石にほりつけた文字に紙をおしあて、墨をつけたタンポでたたいて白ぬきにする拓本の技術が、後魏初年（五世紀はじめ）にはすでに存在していたことは、さきに（二九頁）ふれたが、その石にきざみこんだ文字（陰文）を、ほりおこした文字（陽文）にすれば、印刷となるのである。

そうした意味で、もうひとつの重要なみなもととして、印章を考えねばならない。印章は、秦・漢の古い時期から使用されていたし、そこにほりつけられた文字は、きざみこまれた陰文だけでなく、ほりおこされた陽文もあった。さらに、拓本のときの原本は、石にほられて、動かしにくいものであったが、印章は、石のほか、銅や木も使用されて、もちあつかいやすいものであった。印章が、その所持者の象徴という役めをうしない、ただ、文字そのものに注意がむけられれば、やはり印刷術となりうるであろう。

この印章から発展して、道教のおまもりに使用される符印というものがあった。東晋の葛洪《かっこう》（二八四―三六三）の著『抱朴子』内篇巻一七、入山符の条には、百二十字の文字を書いた四寸はばの符印のことを記している。このばあい、封泥（粘土）におしたようであるが、その字数からいうと、もはや単なる象徴としての文字ではなく、なんらかの内容を持つ文章であったであろう。その内容が、書物となれば、もはや印刷といってもよいくらいになる。

そのほか、仏の像を木版にほって、それを紙に写した摺仏《すりぼとけ》や、正倉院御物のなかに見られる木でくりぬいた型で布地をはさみ、もようを染めつける夾纈《きょうけち》の技術なども、型を使用して、それをほかのものに写しとるという意味では、印刷術のさきがけをなすものといえよう。

これらの技術のなかで、印刷術は、版の材料に文字をほりおこす点では、印章に近く、版を紙の上において押すのでなく、版の上に紙をおいて刷る点では、拓本に近い。この両技術が中心になって、印刷術ができたといえるであろう。

ところで、印刷術はいつごろ発明されたであろうか。別にその記事も見あたらないので、現存する印刷物から考えるほかはない。世界最古の年代の判明している印刷物は、いまのところ、わが国の法隆寺などに保存される百万塔の中に収められた陀羅尼《だらに》であるとされる。この百万塔陀羅尼は、天平宝字八年（七六四）、称徳天皇が、恵美押勝《えみのおしかつ》の乱の平定を、仏に感謝せられるために作られたものである。とき、あたかも、唐との交通の頻繁なときであったから、その技術は、唐からもたらされたものであろうが、中国では、これより古い印刷物が、まだ発見されていない。刊記の見える最古の印刷物は、大英博物館所蔵の敦煌《とんこう》出土スタイン文書の中にある『金剛般若波羅蜜経』で、その刊記に、

咸通九年四月十五日　王玠為二親敬造普施（王玠《おうかい》、二親の為に敬《つつ》しんで造り普《あまね》く施す）

とある。咸通《かんつう》九年（八六八）といえば、唐末で、百万塔陀羅尼の印刷より約百年のちのことになる。現存する印刷物からいえば、唐代、八世紀の後半以前に発明されていたが、あまり盛行してはいなかったということになるであろうか。

ところで、これらの印刷物は、どういう原版から刷られたであろうか。百万塔陀羅尼は銅版であったらしい。しかし、そのほかは、たいてい木版であった。木版は、一枚の板にその書物の一枚分、すなわち二ページを逆さ文字でほりつける。このとき、板の両面とも使用するのがふつうである。このとき、一枚の板にほりおこすのを、整版といい、一字一字の活字をほって、それらの活字をわくぐみに組みこむ活字版と区別する。まず、整版が発明されたようであるが、北宋、仁宗皇帝の慶暦《けいれき》年間（一〇四一—四八）には、畢昇《ひつしょう》という人が、活字版を行なっていたという記録があって、整版の発明後、まもなく活字版も発明されたらしい。しかし、その後、中国では、あまり行なわれず、明代以後、まれに木活

字で印刷する人はあるが、非常にすくない。これに反し、活字版は、朝鮮で盛行し、記録によれば、おそくとも一二四一年には金属活字で出版された本があり、李王朝（十四世紀—十九世紀）となると、政府直営の活字鋳造所が設けられ、活字の鋳造も何度かくりかえして行なわれた。活字で印刷することは、一見、大量出版に便利なように見えるが、実はそうではない。大量出版のとき、一ぺん組んだ活字をほどいて組みなおすことは、はなはだ手間のかかることであり、もし、組みなおす手間をはぶこうとすれば、非常に多くの種類と多くの量の活字を必要とする。そのうえ、技術がまだ進歩していないときは、組み方がなかなか整わず、活字面が平らかになりにくい。活字版と整版とを、書物から見わけるのに、字のならび方、はしのわくぐみ、印字の墨ののりぐあい、紙に刻された文字のあとの均整さなどを見るのは、それらの点で、活字版がととのいがたいからである。だから、活字版は、むしろ少部数の出版に適しているといえるので、朝鮮で盛行したのは、むしろ、朝鮮における書物の需要が、活字版に適当なぐらいの量であったことを示す。そういうわけで、活字版で出された書物は、たいてい少部数であるので、現代、珍重されるのである。こうした事情をよく示すひとつの例としてつぎのような事実がある。清朝の高宗乾隆《けんりゅう》帝（一七三六—九五在位）は、伝来のすくない書物を、活字で印刷し、聚珍版《しゅうちんばん》と称した。印刷所の宮殿の名によって、武英殿聚珍版といわれるが、その後、それらの書物の需要がふえ

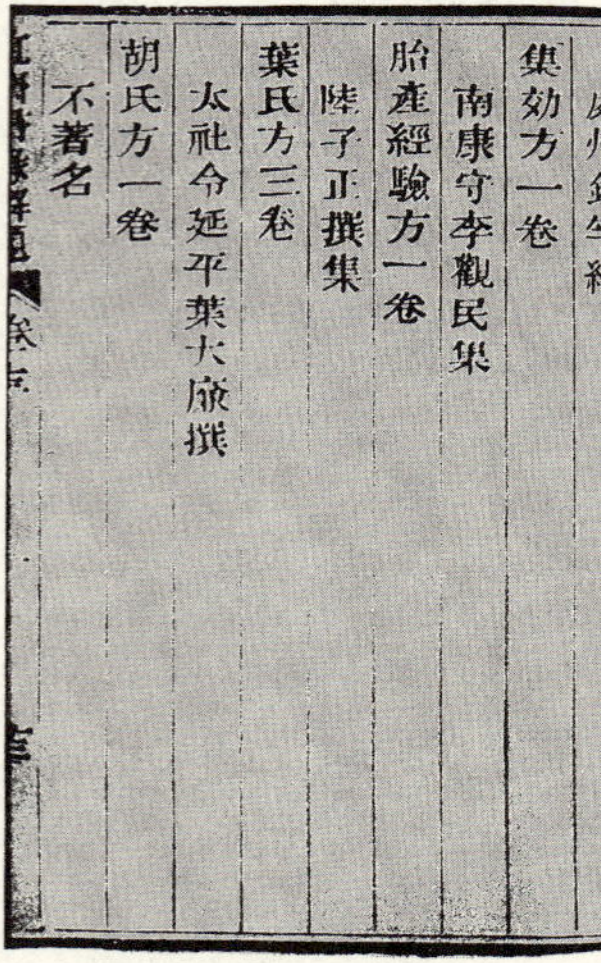
處州錢竽編
集効方一巻
南康守李觀民集
胎産經驗方一巻
陸子正撰集
葉氏方三巻
太社令延平葉大廉撰
胡氏方一巻
不著名

武英殿聚珍版活字本

た結果、広東・福建・浙江などの各地で整版にして出版された。ふつう、武英殿聚珍版全書といわれるものは、たいてい、これらの整版のものであって、聚珍版（活字本の意）の名に副わないものである。これは、整版の方が、大量出版に適することをよく示すものである。

ところで、この活字印刷は、十五世紀中葉のグーテンベルク以後、ヨーロッパでは、はげしいいきおいで発展した。それは、おそらく、漢字を使用している中国では、活字の種類を多く準備せねばならず、そして、それぞれの活字の回転効率が悪く、ロスがきわめて多いので、一枚一枚あらたにほる整版と、それほどコストの点で差がなかったのに比し、表音文字を使用するヨーロッパでは、活字の種類がすくなくてすみ、それぞれの活字の回転効率がよいので、非常に経済的に有利であったためであろう。そのほか、活字鋳造の技術、鉛版の採用など、ヨーロッパでは、技術の進歩がたえず見られたのに、中国では、それがほとんどなかったことも一因であろう。

印刷術は、書物の形態をも改めた。版木の大きさは、紙の大きさをもきめる。一枚一枚、大きさの一定している紙を長くはりつづけて、巻子本にすることは不必要であり、不便でもあった。その一枚一枚の紙をかさねる冊子本の形式が、こうしてあらわれた。さいしょは、片面だけに印刷された紙を、中央から内がわ（印刷された方を中にして）に折り、うらどうしをはりあわせた形式がとられた。この装訂法を粘葉《でっちょう》装とか蝴蝶《こちょう》装とかいう。ところがそのうち、中央から外がわに折り、紙のはしを糸でとじるようになった。すなわち、いま見られる袋とじの本で、中国では線装（線は糸の意）という。こうして、過去の巻子本にあった不便さ、かならずはじめから開かねばならないという制限がなくなり、随意のところから読むこともできるようになった。

ところで、さいしょは、どういう種類の書物が印刷出版されたで

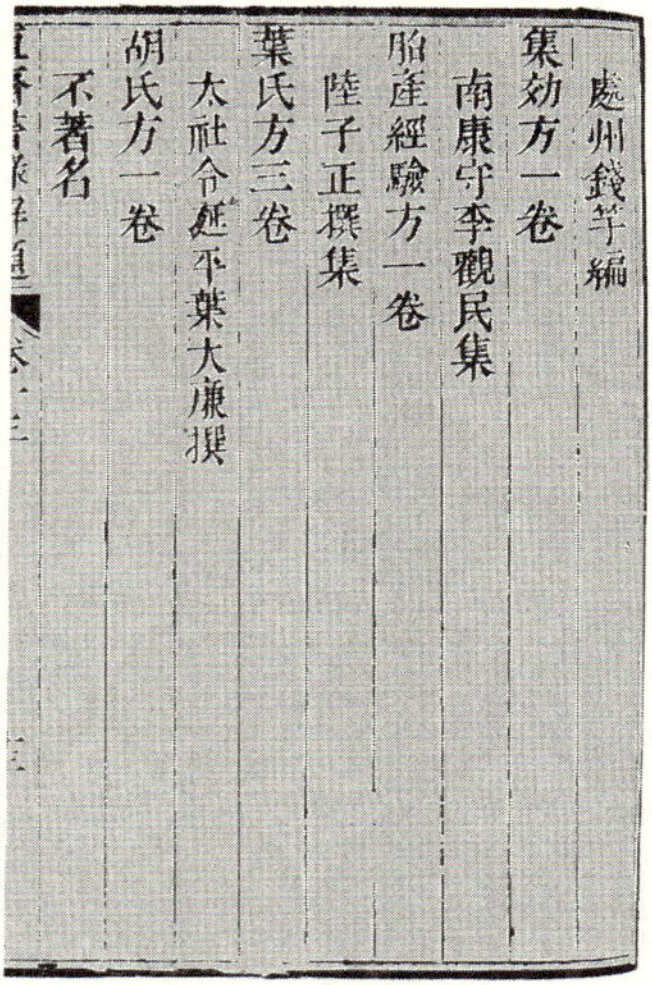
處州錢竽編
集効方一卷
南康守李觀民集
胎産經驗方一卷
陸子正撰集
葉氏方三卷
太社令延平葉大廉撰
胡氏方一卷
不著名

右頁の整版本

あろうか。前述したように、現存する最古の印刷物が、陀羅尼であり、仏教の経典であることは、出版された書物が、読むためであるより、むしろ、そのものの宗教的意味の方が重要であったことを示している。陀羅尼は、百万塔内に納められたのであるから、読まれることはまったく期待されなかったといってよい。経典にしても、その刊記に「両親のためにつつしんで出版し、ひろく流布させる」とあるように、出版そのものに、供養の意義を持たせている。いわば、書物として読まれることを期待されるよりも、印刷術の源流と考えられる符印や摺仏と同じような宗教的象徴の意味を持った文書であった。

しかし、やがては、文書の持つ宗教的意味をうしない、文字であらわされる意味そのものが、中心となるにしたがい、真正の書物の出版となる。そのさいしょは、大量の需要を持つ日用の書物であった。そのひとつは、暦であって、敦煌出土のスタイン文書のなかに、印刷された唐末、乾符《けんぷ》四年（八七四、紀年不明、推定による）と中和二年（八八二）の暦がある。もうひとつは、字書であって、咸通年間（八六〇―八七三）に長安にいた日本僧宗《しゅう》叡《えい》の『新書写請来《しょうらい》法門等目録』に蜀《しょく》（今の四川省）で印刷された『唐韻』と『玉篇』とが見える。五代にはいると、『説文解字』も出版された。

このような日用の書につづいて、やっと経書や詩文集が出版されるようになった。五代の後唐の長興三年（九三二）に、国立大学である国子監に命令して、『易』『書』『詩』『礼記』『春秋左伝』『周礼《しゅらい》』『儀礼』『春秋穀梁伝』『春秋公羊伝《くようでん》』の九経の刊行が計画され、まず、はじめの五経が刊行され、その後、後唐・後晋・後漢・後周の四つの朝廷にわたって、継続事業とされ、後周の広順四年（九五四）に九経全部が完成した。詩文集では、五代の後晋の宰相で、曲子詞（小うた）にすぐれて曲子相公（小うた大臣）とあだなされた和《わ》凝《ぎょう》（八九八―九五五）が、自分の詩文集一百巻を印刷して、人に贈ったという記録がある。

このように、唐・五代を通じて、徐徐に発達して来た印刷術は、宋代、国内の安定にともなって、飛躍的に進歩し、たいていの書籍が印刷され、刊本の時代を迎えるのである。

（補正）四六頁の写真、「武英殿聚珍版」の原活字本は、京都大学教養部所蔵のものを使用したが、同人文科学研究所にももう一部あり、それは「胡氏方」の下の「二」の字は誤倒していない。ともに、活字本であることはまちがいないので、聚珍版の原活字本は、すくなくとも二回、同じ書物のために、版が組みなおされたことがあったと考えざるを得ない。

（再補）一九六六年、最古の印刷物として、「百万塔陀羅尼」とほぼ同時代の「無垢浄光大陀羅尼経」が韓国慶州仏国寺釈迦塔から発見された（鈴木敏夫『プレ・グーテンベルク時代』、東京、一九七六）。この「陀羅尼経」は、一九八四年、大韓民国文化公報部・海外公報館が東京で開催した「韓国古印刷文化展」に展観されている。

六　刊本の時代

印刷術が発明され、書物が出版されるようになってから、年月を経るにつれて、出版者の性格にも大きな変遷があった。それは、非営利出版から、営利出版へ重心が次第に移ったことであり、また、それが書物の性格にもいくらか影響を及ぼす。

すでに述べたように現存するさいしょの印刷物は、仏教の陀羅尼であり、経典であるが、これは、仏への感謝と両親の供養のためであった。五代の時期、つぎつぎ入れかわる朝廷の継続事業となった九経の刊行は、教育のための官営事業であり、和凝《わぎょう》の詩文集刊行は、自己の文学的成果を人に誇示するためであった。ただ、暦や字書などの日用書だけは、営利出版であったかもしれない。敦煌《とんこう》出土の中和二年の暦は、朝廷で作られる暦でなく、蜀《しょく》（いまの四川省）でできた私家の暦であり、それが営利出版されたものであろうということは考えられる。字書については、あきらかでないが、官刻されたという記録がない以上、供養などの意味も考えられないから、やはり営利出版であった可能性が多い。おそらく、初期の印刷は、技術者の不足などにより、はなはだコストが高く、暦や字書などのような大量の需要を持つものはともかく、その他の書物のように少部数ですむものは、採算がとれなかったのであろう。つまり、印刷にかかる総費用を部数でわったものが、その書一部を筆写するのに要する賃銀より低くなければ、営利事業として書物を刊行することはできないわけである。したがって、このころ、書店で売買されたのは、やはり、主に写本であったろう。

こうした事情は、北宋にはいってもそうかわりなく、出版の中心は、国立大学である国子監をはじめとして諸官庁であった。出版された書物には、経書、正史のほか、『説文解字』のような字書、『文苑英華《えいが》』『李善注文選』のような詩文の総集、さらに、実用の書としては、医学書が出版されている。

これらの官庁出版の書物は、紙と墨の実費を納入すれば、印刷頒布されたようであって、まったく採算を度外視して流布するのを目的とした。もっとも、宋代になっても、なお、紙は貴重であった。たとえば、北宋の文学者蘇舜欽《そしゅんきん》(一〇〇八―四八)は、自分の管理していた役所の反古紙を売りはらって、その代金で宴会を開いたため、弾劾されて左遷されている。現代なら、官庁の紙くずを売りはらった金では、宴会を開けるほどの金額にならぬし、その横領も金額過少で免訴になるかもしれない。また、写真の『王文公文集』は、現在日本(宮内庁図書館)と中国(写真のみ)に一部分ずつ存し、両方あわせて完全なものとなって、一九六二年、北京で複製されたものによったのであるが、原本は、南宋はじめ、

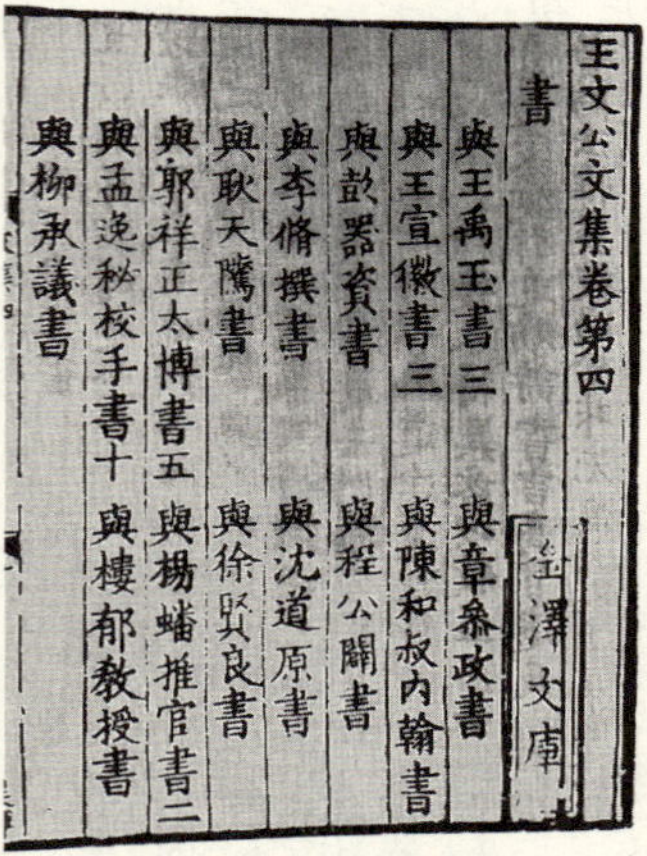
王文公文集巻第四
書
與王禹玉書三　與章叅政書
與王宣徽書三　與陳和叔内翰書
與彭器資書　與程公闢書
與李脩撰書　與沈道原書
與耿天騭書　與徐賢良書
與郭祥正太博書五　與楊蟠推官書二
與孟逸秘校手書十　與樓郁教授書
與柳承議書

『王文公文集』（宮内庁図書館蔵）

高宗皇帝の紹興年間（一一三一―六二）、龍舒《りゅうじょ》（今の安徽省舒城県）で出版されたものである。中国にある方の原本は、官庁の古い公文書のうらに印刷されており、これが出版地推定の役に立った。写真に示した紙背文書はその一枚で、适とあるのは、この複製本の解説者趙万里《ちょうばんり》氏によれば、『隷釈』などの著述のある学者洪适《こうかつ》（一一一七―八四）であろうと推定されている。これも、紙の貴重であったことを示す一例である。こういうところから見れば、紙と墨の実費といっても、ばかにならないものであったろうと思われる。

こうした出版事情の中で、日用書以外のもので、営利上の採算がとれるようになったのはいつごろからかわからない。詩人の蘇軾が、元豊二年（一〇七九）、政府批判をしたかどで訴えられたとき、証拠物件として、刊行されたかれの詩集が提出され、それは本人のあずかり知らぬものであったというから、おそらく、蘇軾の詩の流行をあてこんだ営利出版のものであったと思われる。だから、北宋の末年以前には、有名な詩人の詩集が、詩人の生存中から編集出版されていたことと思われる。西南夷が作った弓の袋に、北宋の詩人梅堯臣《ばいぎょうしん》（一〇〇二―六〇）の「春雪」の詩が織り出してあったというはなしが、欧陽修（一〇〇七―七二）の「詩話」に見えるが、その伝播の速さから考えると、刊本によったのかもしれない。もし、そうだとすれば、詩文集の営利出版は、北宋中期までさかのぼれる。

南宋にはいると、営利出版はますます盛んになり、出版業者の名も伝えられている。中でも、興味あるのは、南宋の首都杭州《こうしゅう》の出版業者陳道人《ちんどうじん》（陳起）であり、かれは、出版業者であるとともに、市井の詩人であった。かれは唐代の詩集と現在活躍中の詩人の詩集を多く刊行した。それらは、営利とともに、自分たちの詩のグループに対する奉仕でもあったろう。かれの所属する詩の一派は、この現存詩人の詩集の叢書「江湖詩集」によって、江湖派と呼ばれる。陳起のことは、吉川幸次郎『宋詩概

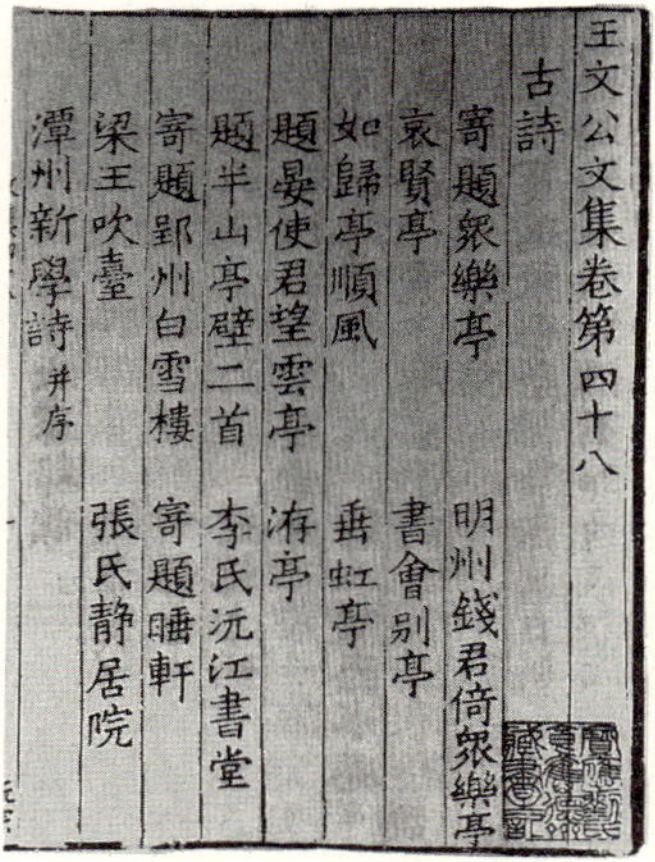
王文公文集卷第四十八
古詩
寄題衆樂亭　明州錢君倚衆樂亭
哀賢亭　書會別亭
如歸亭順風　垂虹亭
題晏使君望雲亭　洊亭
題半山亭壁二首　李氏沅江書堂
寄題郢州白雪樓　寄題睡軒
梁王吹臺　張氏靜居院
潭州新學詩并序

右頁の中国発見のもの

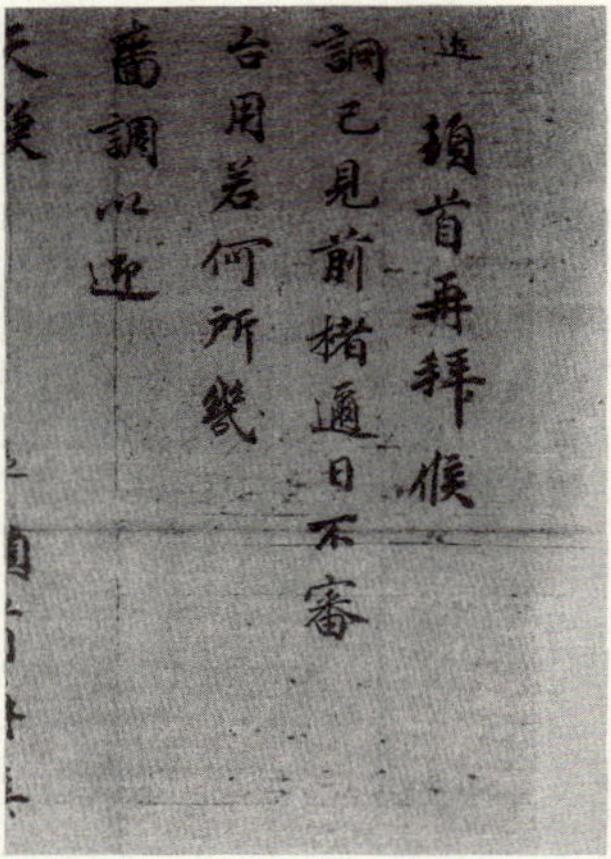

『王文公文集』紙背文書

説』（東京、一九六二）にくわしい。なお、官刻と営利出版の中間のものとして、教育的目的で家塾で出版したり、郷里の先輩の著述を多くの人の合力による資金で出版したりすることもあった。

　出版業の中心地は、北宋の首都開《かい》封《ほう》と前記杭州、その他では、蜀つまり今の四川省と、閩《びん》つまり福建省であった。四川と福建の土地は、版木に適した材木を産するので、出版業が盛んになったのだといわれる。概して、蜀は北宋の早い時期に栄え、テキストはすぐれているのに対し、閩は南宋になってから特に盛んで、営利出版の態度があらわに見え、テキストとしてはおとる。福建の中でも、出版業の中心は、建寧府建安県麻沙鎮《まさちん》であって、麻沙本の名は、テキストとしてわるい本の代表とされた。

　閩本の売らんかなの精神の露骨に見えている例をひとつあげよう。わが内閣文庫に蔵する、蘇轍《そてつ》の詩文集『類編増広潁浜《えいひん》先生大全文集』がそれである。この書物は「増広」とか

「大全文集」という題名そのものが、すでに宣伝の用を持ち、いかにも読者に多量にして完全なという感じを考えて、購買欲をそそろうとするためのものである。ところで、この「大全文集」は、末尾に、第百三十七巻とあって、たいへん大量に見えるが、実は、途中、第十一巻から第二十巻まで、第二十六巻から第三十五巻まで、第四十六巻から第四十九巻まで、第六十七巻から第七十九巻まで、あわせて三十七巻は、はじめから存在しないので、実は一百巻にしかならない。もとの量の三分の一以上にあたる三十七巻も、巻数の水増しをしているわけである。

また、テキストがよいように見せるため、監本《かんぽん》と銘うって、あたかも国子監の官刻本のようによそおうもの、あるいは、京本《けいほん》と称して、首都で出版したかのように見せかけるもの、みな売り込みの手段であって、信頼できない。

宋代にはいって、経書その他の書物で、単行していた注釈をまとめて刊行することが行なわれるようになったが、これも、印刷によって、一つ版木をつくれば、多くの部数がすれるようになったことと、営利出版にともなって他のテキストよりも便利なことを示して、販売量を増やそうと考えてのことでなかったかと思う。『五経正義』が、はじめは、単疏本として、疏だけで行なわれていたのを、本文と伝（注）とにくっつけ、さらに陸徳明『経典釈文《けいてんしやくもん》』まで付したのがあらわれて『十三経注疏』となり、『史記』の裴駰《はいいん》の集解《しつかい》、司馬貞の索隠《さくいん》、張守節の正義の三つの注を合刻したテキストが生まれ、『文選』の李善注と五臣注とが合併されて六臣注となるなど、いずれも印刷術の発明と出版業の発達が生んだ書物の新しい形態であるといえよう。この新しい形式の書物は、繙読《はんどく》に便利であるため、歓迎されて、以後は、単疏本、単集解本、単索隠本、単正義本、五臣注本などは、ほとんど行なわれなくなり、現在ある『文選』李善注本は、六臣注本から、李善注本を抜いて編集しなおしたものであるとされる。

そのほか、需要量の多いものとして、官吏任用試験たる科挙の受験のために便利なように、参照語句を注した互註本や、大量の歴史書の簡約本である『五代史詳節』とか『通鑑《つがん》詳節』の出現も、営利出版の生んだ書物の形態といえよう。

このように、写本の時代から、刊本の時代になるにつれ、書物の形態にも影響があらわれてくる。

ところで、刊本の刊行年代の判定は、出版者自身がどこかに出版年月、出版地などを記した刊記をつけておけば、すぐわかるわけであるが、刊記がないものも多いし、一冊や二冊の零本であれば、刊記があることを期待する方がむりである。そこで、その本自体から刊行年代を推定する方法を考えねばならない。といっても、まず、刊記のある書物によって、ある年代の書物の標準形式を定めてから、刊記のない書物の年代の推定ができるわけであるが。

しかし、その刊記でも、注意せねばならぬことはある。それは、覆刻本に、刊記までそのまま刻したもののあることで、それが原刻であるか覆刻であるかを見わけるには、そのほかの要素から判定せねばならない。わが五山版には、宋、元版をそのまま版下に使用して刻したものがあり、まったく原刻と見わけがつかぬものがある。このとき、判定の根拠として紙質が有力な資料となるが、写真にとったりしてしまえば、その根拠さえうしなわれてしまう。神田喜一郎博士からうかがったはなしでは、元好問が編集した金代の詩詞の総集『中州集』の「四部叢刊」所収本は、董氏影元刊本となっているが、董康《とうこう》氏が影刻した原本のうち、「中州楽府」の部分は、神田博士所蔵の五山版であるよしである。

刊記以外では、版の形式、たとえば、匡郭《きょうかく》（わく）が、一本であるか、二本であるか、上下が一本で左右が二本であるか、版心の上下が黒い黒口本であるか、白い白口本であるか、文字の字体が、右肩あがりのいわゆる宋朝体であるか、明末に多いたて長であるか、なども、年代の推定に使用される。

だが、よりこまかい年代推定に使用されるのは、皇帝の名まえを忌んだ避諱と、版心にしばしば刻される、版をほった刻工の名である。

中国では、その朝代の天子の本名をタブーとしたので、その字が出て来ると、「御名」

と書いたり、ほかの字に書き改めたり、その文字のある一画をはぶくというようなことが行なわれた。だから、ある書物でそういうことが行なわれている文字を調査し、皇帝の本名と比較すれば、どの皇帝の時代の刊行か定められるわけである。この避諱は、宋代と清代とはよく励行されたが、元、明ではあまり行なわれていない。

刻工名の方は、明の嘉靖《かせい》以前の古い刊本によく見られるもので、版心、つまり紙の折り目にあたる版の中心の下方に、刻工の名をほりこむ。これは、刊刻の責任者というよりも、賃銀支払いのときの便宜のためであったろうと考えられている。そのほか、その版木の大小の文字の数をほりつけたものもある。ただし、その数の、版木に実際ある字数とあわないことが多いのは、なにか特別の事情があったのであろう。これも、賃銀計算の基準となったらしい。ところで、刻工名は、年代のわかる書物から、その刻工がいつごろの人か定められ、それをつないでいけば、ある時代の刻工集団ができあがる。そこでこんどは、年代未決定の書物の刻工名を調べ、かれらがどの集団に属するかを照合すれば、その書物の年代も判定できるわけである。写真の『王文公文集』を、南宋高宗時代、龍舒で刊行されたと推定したのも、避諱と刻工名と紙背文書と龍舒で刊行されたテキストがあったという記録とによってであった。

紙質、墨なども年代推定の有力な材料であるが、いまのところ、多くは勘によってきめられており、わたくしの知るかぎりでは、放射性炭素を利用する測定法や、紙の顕微鏡写真によって、その繊維の組織のちがいによって判定するような科学的鑑定法は、まだ行なわれていないようである。

（補正）営利出版について、孫毓修《そんいくしゅう》「中国雕板源流考」（上海、一九一八）では、宋の高文虎『蓼花《りょうか》洲閒録』を引いて、北宋初年の大中祥符年間（一〇〇八—一〇一六）、すでに官吏任用試験首席合格者の答案の賦が刊行市販されていたことを指摘する。

この稿を書きおえてから、わたくしが気づいたものに、欧陽修「雕印《ちょういん》文字を論ずる劄子《さっし》」（『欧陽文忠公集』巻一〇八、奏議巻一二）がある。この至和二年（一〇五五）に書かれた政治意見書によれば、そのころ、当時の政治評論の文章を主としてあつめた『宋文』という二十巻の書物が営利出版として刊行されていたことが知られる。

なお、吉川幸次郎『宋詩概説』（東京、岩波書店、一九六二、七六頁）に徐鉉《じょげん》（九一七—九九二）の詩文集三十巻が、大中祥符九年（一〇一六）に刊行されたことがあげられているが、それが営利出版であったかどうかはあきらかでない。

七　蔵書家のすがた

出版業がさかんになれば、図書の社会全体における数量がふえ、したがって個人の蔵書の数もふえ、多くの書物を蔵する特定の人、いわゆる蔵書家があらわれる。

清の葉昌熾《ようしょうし》（一八四七―一九一七）の『蔵書紀事詩』七巻は、中国歴代の蔵書家に関するものがたりを、七言絶句数百首に作り、その詩の注解の形式で、かれらの事跡を記録したものであるが、五代の蜀《しょく》で、『文選』などの書物を刊行し、のち、宋に仕えた毋昭裔《ぶしょうえい》を巻頭におき、以下年代順に排列する。蔵書家の出現と印刷術との関係をうかがうに足るであろう。

もちろん、写本の時代でも、個人の蔵書家が全くなかったわけではない。しかし、生産量のすくない写本で、かつスペースを多く占める巻子本である関係上、そうした個人蔵書家の人数はすくなく、そのうえ、一人の所蔵する書物の数量もまたそう多くはなかった。『荘子』天下篇に恵施《けいし》が車五台分の書物を所有していたということは、すでに述べた（一八頁）が、当時は簡牘《かんとく》の書物であったから、現在の書物の形態にその内容をもりこめば、ごくわずかなものになってしまうのでなかろうか。くだって、晋の張華《ちょうか》（二三二―三〇〇）は、車三十台分持っていたといい、梁の任昉《じんぼう》（四六〇―五〇八）は、一万余巻の書物をあつめたといい、唐の李泌《りひつ》（七二二―七八九）は三万巻以上の書物を蔵していたという。これらは巻子本だから、万巻といえば、文字どおり一万のまきものが存在して、莫大な空間を占めていたわけで、そうだれにでも可能なことではない。ところが、印刷術の発明と冊子本への装訂の変化は、多くの人に万巻の書を蔵する機会を与えた。たとえば、一九二〇年代、出版された中国古典の一大叢書「四部叢刊」（重印本）八五七三巻と「二十四史」三二一三巻だけで、万巻をこえる。いま、日本の中国学者で、この双方を所有する人はすくなくない。唐以前の多くの人にとって、夢のような数量の書物を個人の書斎にならべることができるのである。宋代では、もちろん、現在のようなわけにいかないが、それでも、任昉・李泌ぐらいの蔵書家はずっとふえた。そして、そうした蔵書家となるのが、任昉のような第一流の文人や張華・李泌のような宰相でなくても、可能になったのである。

このような宋代のひとりの蔵書家のすがたを、北宋末年の女流詩人李清照《りせいしょう》（一〇八四―一一五三）は、その夫趙明誠《ちょうめいせい》（一〇八一―一一二九）の著書『金石録』の後序のなかに書きとどめた。いま、そのあらましをここに示そう。

李清照が数え年十八歳でとついだとき、夫の趙明誠は二十一、まだ大学の学生であった。大官の子弟とはいえ、経済的にゆとりのそうなかった二人のたのしみは、大学の休みに寮

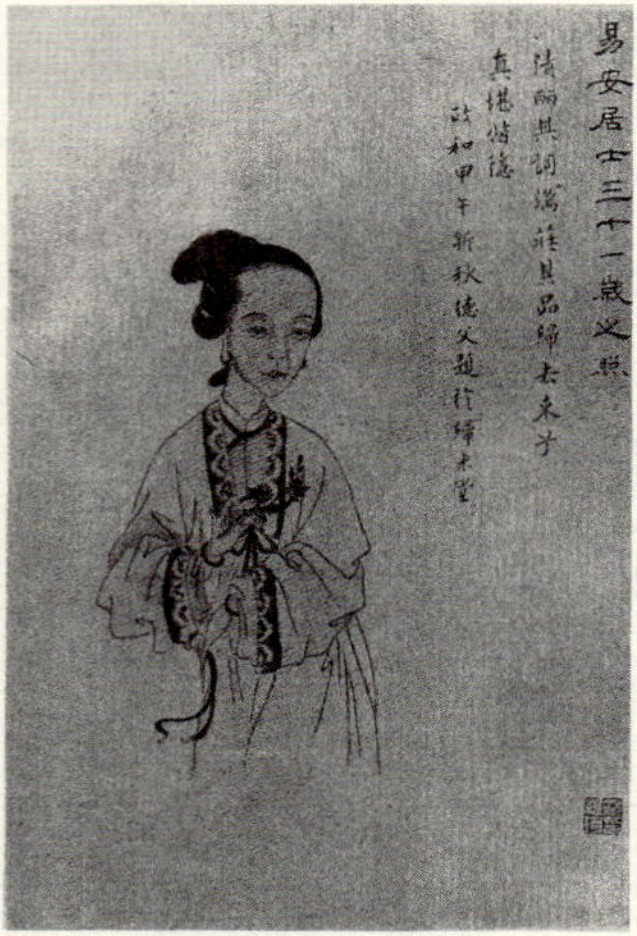

李清照像

から帰る夫が、きものを質に入れて、当時の都のさかり場、相国寺の朝市で買って来た碑文の拓本を、やはり相国寺で買って来たくだものを食べながら、鑑賞することであった。

間もなく官途についた夫は、拓本・書籍・書画・古器物を買いあつめることを趣味とし、俸給で足らぬ分は、やはり、きものをぬぐことによっておぎなわねばならなかった。書物を手に入れると、夫妻はいっしょに文字を校勘し、きちんと整理して題目などを書き加えた。書物がひととおりあつまってしまったので、書庫を作り、分類して目録を作った。読むときは、書庫のかぎを請求し、帳簿に記入して書物を出すようにし、すこしでもよごしたりいためたりすると、きっとそれをもとどおり補修せねばならぬというきまりを作った。こうした規則は、以前のようなのんびりした気分を失わせ、書物をたのしむためにしたことが、かえって拘束になった。そこで、清照は、衣食を節約して、自分用の副本を買うようになる。

文字が欠けたり、テキストがあやまっていたりしていない本であれば買いこむことにして、特に家学であった『周易』と『左伝』関係の書物をよくそろえた。こうした書物のたのしみは、かのじょにとって音楽・競馬以上のものであった。

しかし、この平和な生活は、靖康元年（一一二六）にはじまる金国軍隊の侵入によって破壊される。建炎元年（一一二七）、明誠の母の喪におもむくため、清照たちは手まわり品を整理した。そこで、大型の本、幅《ふく》数の多い画、銘のない古器、国子監出版の書物、ありふれた画、大型の古器物を、そのときの明誠の任地淄川《しせん》（いま山東省にある）にのこしたが、それでも書物は、車十五台となった。のこした書物や器物は、十数室に貯蔵し、かぎをかけ、あくる年、運ぶつもりであった。けれども、その年の十二月、金軍が淄川を陥落させ、のこされたすべては灰燼《かいじん》となった。

あくる年、夫明誠は、南宋の朝廷に召され、池州（いまの安徽省貴池県）で妻とわかれた。そのとき、いいのこしたことばは、「やむを得ぬときは、まず旅行用品をすてよ。つぎに衣類、つぎに書物、そのつぎが古器物。先祖の位牌だけは、死んでもはなすな」であった。しかし、行宮へ参内した明誠は、その地で急病で死ぬ。

このとき、清照には、まだ二万巻の書物と二千巻の拓本がのこされていた。しかし、その年の十二月、清照のいた洪州（いまの江西省南昌市）が、金軍に攻略され、病気中のなぐさみとして寝室内にはこびこんであった、小さなまきものの法帖、写本の李白・杜甫・韓愈の文集、『世説新語』、『塩鉄論』、漢唐の石碑の拓本数十軸、古代の鼎《かなえ》十いくつのほか、すべて煙となってしまった。

まだ、不幸はつづく。江南を流浪する清照は、夫が生前金国に古器物を贈ろうとしたというわさを立てられたので、のこったわずかばかりの古器物を朝廷に献上しようとしたがはたさず、剡《せん》（いまの浙江省嵊《じょう》県）にあずけておいたのを、官軍の兵士たちに掠奪される。さらに手もとにのこった五、六かごの書画さえも、そのうち五かごまでをどろぼうに盗まれてしまう。かくて、この後序が書かれたとき、かのじょの手もとにのこっているのは、残本二、三種類と、ありふれた法帖だけであった。

われわれは、この李清照の記録から、蔵書家たちがいかに書物（かのじょは、古器物も含めて）に執着し、いかにそれをたのしんだかを知りうると同時に、書物がきわめて失われやすいことをも知らせられる。

趙明誠『金石録』は、欧陽修『集古録』にならった、古代の石刻の文章の目録ならびにその解説であるが、書物に対しても、同じように、ある蔵書の目録および解説が作られ得る。そうしたさいしょの個人蔵書の解題目録は、晁公武《ちょうこうぶ》『郡斎読書志』である。晁公武もまた金軍の侵入による被害者の一人であった。みやこ開封の昭徳坊にすみつき、有名な文学者晁補之《ほし》（一〇五三―一一一〇）・晁説之《えつし》（一〇五九―一一二九）・晁冲之《ちゆうし》（公武の父）などを出した晁氏は、多くの蔵書を有していたが、平和な時代にすでに火事でその蔵書の一部を失い、ついで金軍との戦争ですっかりなくしてしまった。そこへ、かつて興元府の知事で四川転運使を兼ねていたときは俸給の半分を書物購入に費やしたという書物ずきの井度《せいど》が、その蔵書を、子孫が保存してくれるかどうかわからぬからといって、晁公武に贈ったので、かれは井度の蔵書を校勘しながら、それらの書物の要綱を書きぬいた。それが『郡斎読書志』二十巻（衢《く》州本による、袁《えん》州本は正志四巻後志二巻）である。この本は、個人が実際に存在する書物を読んで、要綱をかきとどめたものであるので、収録された書物に限定があるとはいえ、記事の確実性からいえば、官庁図書館や歴史書所載の目録よりも、はるかに信頼できる。また、テキストの異同ばかりでなく、その書物の内容やそれに対する批判をも含み、「読書志」の名にふさわしい。

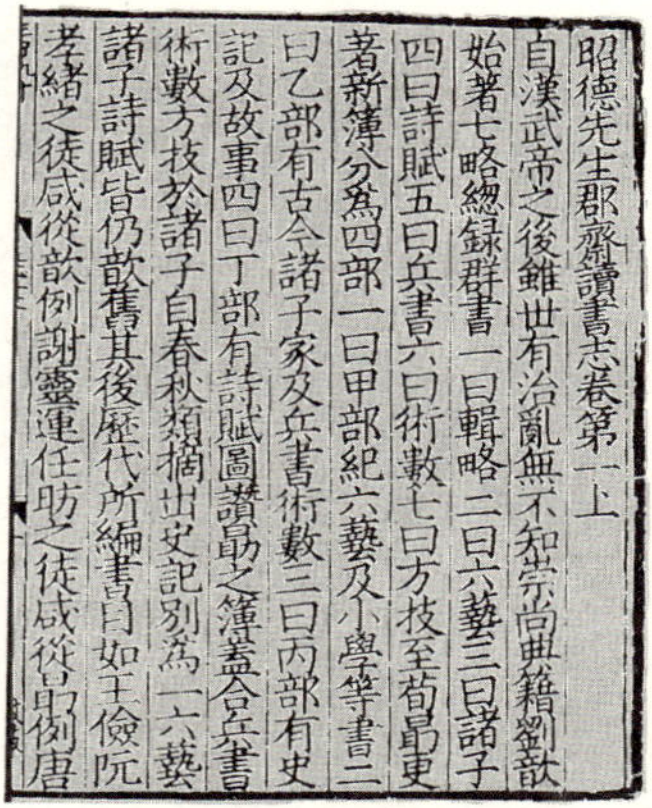

昭德先生郡齋讀書志卷第一上
自漢武帝之後雖世有治亂無不知崇尚典籍劉歆
始著七略總録群書一曰輯略二曰六藝三曰諸子
四曰詩賦五曰兵書六曰術數七曰方技至荀勗更
著新簿分爲四部一曰甲部紀六藝及小學等書二
曰乙部有古今諸子家及兵書術數三曰丙部有史
記及故事四曰丁部有詩賦圖讚勗之簿蓋合兵書
術數方技於諸子自春秋類摘出史記別爲一六藝
諸子詩賦皆仍歆舊其後歷代所編書目如王儉阮
孝緒之徒咸從歆例謝靈運任昉之徒咸從勗例唐

『郡斎読書志』袁州本

南宋には、もうひとつ、解題つきの個

人の蔵書目録がある。それは、四六頁に武英殿聚珍版の書影で示した『直斎書録解題』二十二巻である。これは、南宋末年の陳振孫が自己の蔵書を解説した目録で、書物の解説を「解題」というのは、この本にはじまるといわれる。書物の内容とその批判を含む点は、『郡斎読書志』と同じであるが、自己の蔵書だけに、『読書志』にはなかった入手径路などを記してあることもある。

個人の蔵書家がふえて来ると、個人の蔵書目録も、上の二つの本のように解説のあるもの、あるいは、南宋の尤袤《ゆうぼう》（一一二七―九四）『遂初堂書目』のように、解説のないものとなって、どんどん作られて行き、明・清を経て現代まで、多数の個人蔵書目録が公表されている。

書物はあつめがたく、失われやすい。公庫所蔵のものでもそうであるのに、個人のものはなおさらである。その例は、李清照や晁公武である。失われる原因は、この二人のように、戦争・火事のほか、子孫が生活のために売りはらうこともある。井度が晁公武に蔵書を寄託したのも、それをおもんぱかってのことであった。子孫への顧慮は蔵書印にまで及ぶ。自己の蔵書に未練のある人は「子孫永保」と刻印し、散佚《さんいつ》を覚悟した人は、「曾在某家」と図記したりする。晁公武が『読書志』を書いたのも、自身の経験から、蔵書の散佚しやすいことをよく知っていたので、せめて井度の蔵書の要綱でものこしたいと考えたためではないだろうか。

　ところで、個人の蔵書家のタイプを清の洪亮吉《こうりょうきつ》（一七四六―一八〇九）はつぎのように階級づけた（『北江詩話』巻三）。

　第一は考訂家で、「一書を得れば、必ず本原を推し求め、缺失を是正」する人。第二は、校讎《こうしゅう》家で、「其の板片を辨じ、其の錯譌《さくか》を注する」人。第三は、収蔵家で、「異本《いほん》を捜采し、上は則ち石室金匱《きんき》の遺亡を補い、下は通人博士の瀏覧《りゅうらん》に備うべき」人。第四は、賞鑑家で、「ただ精本を求め、独り宋刻を嗜《この》み、作者の旨意は、縦《たと》い未だ尽《ことごと》くは窺《うかが》わずとも、刻書の年月は、最も深く悉《し》る所」の人。第五は、掠販《りゃくはん》家で、「旧家の中ごろ落つる者に於いて、其の蔵する所を賤《やす》く售《か》い、富室の書を嗜《この》む者に、その善き価を要求し、眼に真贋《しんがん》を別ち、心に古今を知り、閩《びん》本・蜀本、一《いささか》も欺き得ず、宋槧《そうざん》・元槧、見て即《ただ》ちに識《し》る」人。

　この尺度からすると、「蔵書家」になるのはむずかしく、蔵書家以下の書物大量所有者がすくなくないようである。

八　類書の編纂

時代が下がるにつれて、書物が次第に増えて来ると、それら社会に蓄積された書物を簡約し、整理した書物が要求されるようになる。中国ではそうした書物を類書と呼ぶ。一種の百科全書である。

社会に蓄積された知恵を整理してまとめようとする行為は、権力者のもとにおいて、非常に早くからなされた。たとえば、秦の始皇帝の実父ともいわれる呂不韋《りょふい》（？―前二三五）が編纂させた『呂氏春秋』、漢の武帝のときに、皇族の一人である劉安《りゅうあん》（前一七九―前一二二）が編纂させた『淮南子《えなんじ》』は、そうした結果できあがった書物であるが、それらは思想の整理記録であって、書物をさらに整理しまとめたものではない。

書物を簡約整理した、いわゆる類書のはじまりは、魏の文帝曹丕《そうひ》（二二〇―二二六在位）の命令で編纂された『皇覧《こうらん》』千余篇だといわれる。魏の文帝は、「文章は経国の大業」と、大いに文学の価値を宣揚した皇帝で、父曹操《そうそう》、弟曹植《そうしょく》とともに、いわゆる建安文学の指導者の一人であるが、かれによって、さいしょの類書が編纂せしめられたことは、『呂氏春秋』『淮南子』のような思想の整理記録でなく、当時の書物に記載された「こと」と「ことば」をあつめて、整理した書物がなぜ作られたか、その用途を示すものであろうか。すなわち、それは、文学活動、具体的にいえば、作詩、作文の参考資料として、過去の文献を利用しやすいようにするということである。そうして、魏の文帝らによって大いに振興された詩文が、華麗な文字と過去の事実をことばのうらに背負わせる用典とによって飾られた六朝文学として発展させられたとき、そうした先例を持った「こと」と「ことば」を手ぢかに知り得る書物は、時代の文学の強い要請に応ずるものであった。『皇覧』はすでに伝わらない。現存するものは、唐の初めに編纂された欧陽詢《おうようじゅん》（五五七―六四一）の『藝文類聚《げいもんるいじゅ》』一百巻、虞世南《ぐせいなん》（五五八―六三八）の『北堂書鈔』一百六十巻、徐堅（六五九―七二九）の『初学記』三十巻などを比較的早いものとするが、いずれも、作詩文の参考資料として、美文のための「こと」と「ことば」を見つけやすいように整理記載したものである。

さらに、北宋のはじめには、太宗皇帝（九七六―九九七在位）の命令によって『太平御覧《たいへいぎょらん》』一千巻が編纂されたが、唐初の類書の美文のための参考資料という性格から、やや変じて、関係記事の蒐集という方に重点が移っているように思われる。真宗皇帝（九九七―一〇二二在位）の命令による『冊府元亀《さっぷげんき》』一千巻は、さらに政治が中心となった。

ここで、類書の体裁について、『太平御覧』を例にとって述べよう。類書は、その名のように、ことがらを類別して、その関係記事をあつめたものであって、『太平御覧』では、天・時序・地・皇王・偏覇など五十五に分類し、また、その各分類をさらにこまかく、天部でいえば、元気・太易・太初・太始・太素・太極・天・渾儀《こんぎ》・刻漏・日・日蝕・晷《き》などという子目を立てて、関係記事をあつめている。つまり、ことがら自身の性格によって分類することに徹底しているのである。

ところで、『藝文類聚』一百巻とか『太平御覧』一千巻という大部な書物は、いったいどのように使用されたであろうか。いまの百科全書のように必要に応じて、その箇所がひろげられたであろうか。もちろん、そういうばあいがなかったとはいえない。けれども、当時の書物の形態は、すでに述べたように、巻子本であって、一百巻、一千巻というのは文字どおり、巻きもの百本、巻きもの千本なのであって、収蔵に大きな空間を要するのはもとより、調査するのも容易なことではなかった。まして、一巻の末のところに記載してある記事を見ようとすれば、どうしてもそこまでくりひろげなければならない。現在、中華人民共和国出版の本で、『藝文類聚』が二冊、『太平御覧』が四冊となっていて、座右において、すぐぱらぱらとめくれるようなわけにはいかない。おそらく、これらの書物は、必要に応じて引くのでなく、通読して知識を整理して行くようにしたのではなかったかと思われる。宋の太宗皇帝が、『太平御覧』を一日三巻ずつ読んで、一年で読破したというはなしが伝わるが、これは、類書の使用法を示すものと思われる。そして、一般には、もっと簡略な本があって、日常、作詩文のために座右におかれていたと思われる。五代の宰相であった馮道《ふうどう》（八八二―九五四）が道を歩いていたとき、懐中からおとしたという『兎《と》園冊《えんさつ》』などがそれであろう。

ところが、書物の形が、巻子本から冊子本へかわり、検索に便利になると、類書も、通読を予想する事項による分類でなく、文字で排列して、「ことば」で引くようになる。それと同時に、文学の性格もかわって来た。宋以後、「こと」を利用する用典重視の美文の文学が後退し、「ことば」を中心にした詩の文学が普及して来る。そうなれば、類書も、「こと」で分類するよりも、「ことば」を求めやすい方が、作詩文の参考書として、都合がよくなって来たのである。そこで、押韻を必要とする「詩」の参考書にふさわしく、熟語を下の字の所属する韻で分類した類書が現われた。現存する最も古いものは、元の陰時夫《いんじふ》の『韻府群玉《いんぷぐんぎょく》』二十巻で、作詩のとき、使用される平水韻によって分類されている。このような韻分けの類書の中で、いちばん重要なものは、『永楽大典《えいらくたいてん》』と『佩文韻《はいぶんいん》府《ぷ》』である。

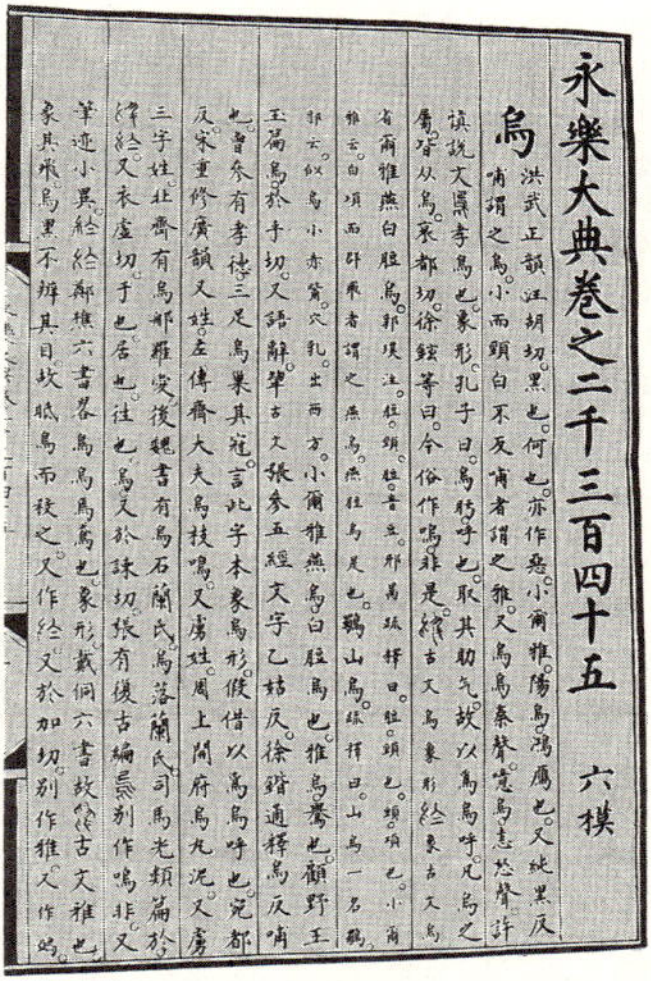
永樂大典卷之二千三百四十五　六模

烏　洪武正韻汪胡切黒也何也亦作烏小爾雅陽烏鴉鳥也又純黒反哺謂之烏小而頸白不反哺者謂之雅又烏鳥秦聲嗚烏恚怒聲許慎說文孝鳥也象形孔子曰烏肟呼也取其助气故以爲烏呼凡烏之屬皆从烏哀都切徐鍇等曰今俗作嗚非是縡古文烏象形絵象古文烏省爾雅燕白脰烏郭璞注脰頸脰音豆邢昺疏釋曰脰頸也頸項也小爾雅云白項而群飛者謂之燕烏燕烏即烏是也鵶山烏綠釋曰山烏一名鵶郭云似烏小赤觜穴乳出西方小爾雅燕烏白脰烏也雅烏鸒也顔野王玉篇烏於乎切又語辭犨古文張參五經文字乙姑反徐鍇通釋烏反哺也曾參有孝德三足烏巣其冠言此字本象烏形假借以爲烏呼也說都反宋重修廣韻又姓左傳齊大夫烏枝鳴又虜姓周上間府烏丸氏又虜三字姓北齊有烏那羅受後魏書有烏石蘭氏烏落蘭氏司馬光類篇於縡絵又衣虚切于也居也往也烏又於詠切張有復古編烏別作鳴非又筆迹小異絵絵鄭樵六書略烏鳥馬鳥也象形戴侗六書故古文雅也象其飛烏黒不辨其目故眡烏而狀之又作絵又於加切別作雅又作鴉

『永楽大典』複製本

　『永楽大典』は、明のはじめ、永楽帝朱棣《しゅてい》（一四〇二―二四在位）の命令で編纂された中国最大の類書で、全部で二万二千八百七十巻、明を建国した洪武帝《こうぶてい》朱元璋《しゅげんしょう》（一三六八―九八在位）の命令でできた『洪武正韻《こうぶせいいん》』の韻目によって分類排列してある。写本としてただ一部だけ作られたが、嘉靖《かせい》四十一年（一五六二）からあしかけ六年がかりで副本が作られ、明の朝廷滅亡のとき、原本はなくなって、副本だけが清の朝廷に伝えられた。韻によって分けられた「ことば」の類書であるが、その項目に関係あるものは、なるべく多く収めようとし、『太平御覧』のような「こと」の類書的性格もある。ときには、後魏の酈道元《れきどうげん》の『水経注《すいけいちゅう》』四十巻全部を、賄韻水の部に収め、実にそれだけで、巻一万一一二七から巻一万一一四一まで十五巻を占めているようなことさえある。ただし、清朝に伝えられたものも、盗難や義和団事件のおり（一九〇〇）の外国軍隊の掠奪・焼却などで、その大部分がなくなり、一九五九年に、残存するもの全部を北京で影印（写真印刷）出版したのは、七百三十巻、全体の三十分の一弱にすぎない。

つぎに『佩文韻府』は、清朝第二の康熙帝《こうきてい》（一六六二―一七二二在位）の命令で、『韻府群玉』などを増補した類書で、「ことば」の類書としてはいちばん徹底して語彙の使用例を集めることに力を注いでいる。

「ことば」の類書としては、韻分けのものばかりではない。やはり康熙帝の命令で編纂された『駢字類編《べんじるいへん》』二百四十巻は、天地・時令・山水・居処などと分類され、それぞれ、関連ある文字が収められて、その字を上の字にする二字の熟語を引くように作られている。しかし、それは上の字自体が天地などの部門に所属することを示すので、熟語としての、「ことば」自体の性格を示すのではない。だから、「日」の字のつく「日本」「日記」などは、「日」の字に即して、天地部に分類される。『太平御覧』のような類別をとりながら、実は、「ことば」中心となっているのである。

なお、類書の中に入れないが、実は特殊な事項の類書であるものとして、仏教の類書『法苑珠林《ほうおんじゆりん》』一百二十巻、道教の類書『雲笈七籤《うんきゆうしちせん》』一百二十二巻がある。事項によって分類し、それぞれの経典から書き抜いて整理編集した点、類書とかわりがない。また書物をただ抜き書きして、分類整理されてない書物もある。唐のはじめ、魏徴《ぎちよう》（五八〇―六四三）の編纂した『群書治要《ぐんしよちよう》』五十巻は、『周易《しゆうえき》』にはじまる経書、『史記』から『晋書《しんじよ》』にいたる史書、『六韜《りくとう》』『管子』『老子』『孟子』など諸子の書物から、政治や修養の参考になる語句を選び出したもので、抜き出した書物によって経部・史部・子部と排列し、書物の抜き書きという形そのままになっている。

ところで、このような類書は、王朝革命が行なわれ、新王朝がはじまったばかりのときに、多く作られている。そこで、こうした大編纂事業は、新王朝に対し敵意をいだく知識階級の懐柔政策として、かれらに職を与えるためのものであるといわれる。たしかに、そ

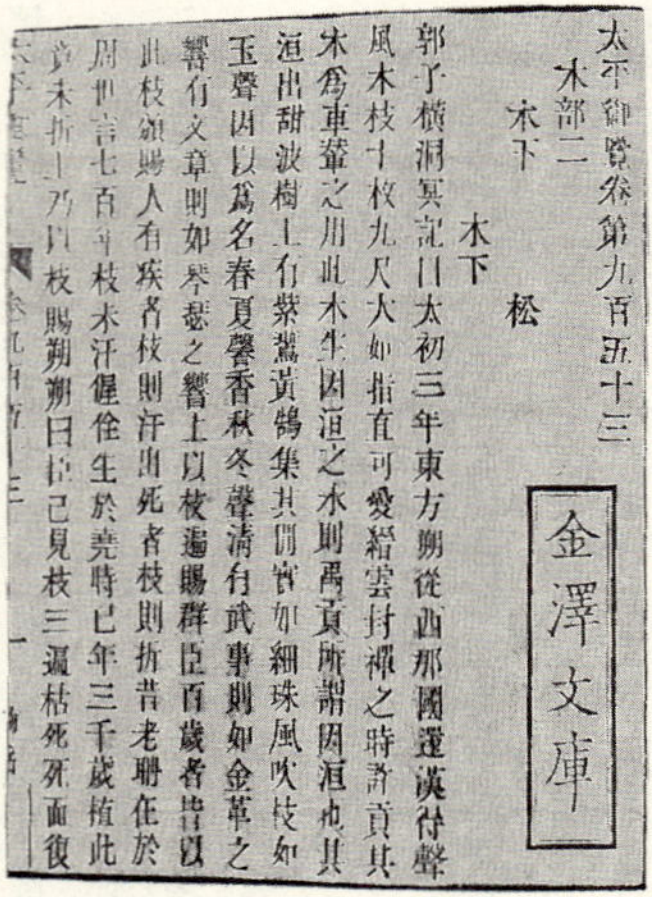
太平御覽卷第九百五十三
木部二
木下
木下
松
郭子橫洞冥記曰太初三年東方朔從西那國還漢得聲風木枝十枚九尺大如指直可愛緇雲封禪之時許貢其木爲車輦之用此木生因洹之水則禹貢所謂因洹也其洹出甜波樹上有紫燕黃鵠集其間實如細珠風吹枝如玉聲因以爲名春夏馨香秋冬聲清有武事則如金革之響有文章則如琴瑟之響上以枝遍賜群臣百歲者皆得此枝領賜人有疾者枝則汗出死者枝則折昔老聃在於周世言七百年枝未汗偓佺生於堯時已年三千歲拒此枝未折上乃以枝賜朔朔曰拒已見枝三遍枯死死而復
金澤文庫

『太平御覧』日本活字本

ういう一面もあろうが、そのほかに、王朝交代の革命戦争において、文献が多く破壊されたのを、整理しようという意図もあるのではないだろうか。

もうひとつ注意すべきことは、わが国で、類書が特に珍重されたということである。たとえば、類書そのものではないが、性格のよく似た抜粋の書である『群書治要』は、中国では早く散佚して、わが国にだけ存し、徳川家康（一五四二―一六一六）が手に入れた金沢文庫旧蔵の写本によって銅活字印本を出し（一六一六）、さらに尾張藩が木版にして刊行した（一七八七）ものが、彼の地にわたって復刻されて、世に知られるようになった。原本は、今なお、宮内庁図書館に蔵せられ、影印本も出された（一九四一）。また、『太平御覧』は、一千巻にも及ぶ大部の書物であるにもかかわらず、江戸時代の末、文久元年（一八六一）に、幕府に蔵せられていた、これも金沢文庫旧蔵の宋刊本にもとづいて、喜多村道寛等が校訂し、木活字印本で出版している。これは、木活字本にかかわらず、金沢文庫の蔵書印や版心の刻工名などまで、もとの書物のままにするなど、原本になるだけ近づけようという努力がうかがわれる。

おそらく中国から遠くはなれた日本では、中国に存在するすべての書物を得ることが、もとより不可能であったから、中国社会に存する書物全体の簡約版として、類書や抜粋の書物（雑纂《ざつさん》という）を輸入し、尊重したのであろう。その知識輸入の方法は、今からいえば、上すべりのように見えるが、古い時代にあっては、もっとも要領のよい方法であったかもしれない。

九　輯佚の学

がんらい、類書が作られたのは、社会に蓄積されたぼう大な量の書物を集約的に読むのに便利なようにするためであった。しかし、そうした目的で作られた類書は、時代が下るにつれて、本来の意図とは別の使用法を持つようになった。

その第一は、辞典としての用途であり、つぎに、輯佚《しゅういつ》の資料としてであり、第三に、校勘の資料としてであった。以下、第一については簡単に、輯佚の学については、類書の範囲にとどまらず、さらにひろく新資料の発見にまでわたって述べてみたい。校勘の問題については、次節にゆずる。

類書が辞典として用いられるというのは、詩文製作のために語彙をさがすことを目的とした「ことば」の類書が、すでに存在している詩文の解釈のために使用されるということである。もっとも、辞典としての用途が、類書に全く考えられなかったわけではない。「ことば」の類書の早いものである『韻府群玉《いんぷぐんぎょく》』あたりでも、辞典としての用途が考慮されていたらしいが、類書本来の目的は、やはり、詩文を作るときの参考書という能動的なはたらきにあった。しかし、詩文を作るということが、必須であるというような時代が過ぎると、過去の文学作品としてのこされた詩文を解釈するときの参考書としてという受動的なはたらきが重要になってくる。さらに、そうしたはたらきが重要になったのには、中国の字書の欠けた点を補うことになるためでもあった。

中国の字書は、その代表である清の康熙《こうき》帝の勅命で作られた『康熙字典』（一七一六成る）でよく示されるように、原則として一字一字の訓詁だけを収め、熟語に及ばない。だから、二字以上の熟語の意味を知るためには、字書ではまにあわず、『佩文韻府』のような「ことば」の類書を転用するよりしかたがないことになる。熟語をも収めた辞典で、日本・中国を通じていちばん早いものは、重野《しげの》安繹《やすつぐ》等監修の『漢和大字典』（一九〇三刊）であろうが、この『大字典』では、熟語を下の字で引くようになっている。たとえば、

「一」の字の条に、熟語としてあげられるのは、「太一」「小一」「守一」「主一」などのように、下に「一」の字をともなうものであり、「一丁」「一人」「一口」「一介」などという、上に「一」の字をともなうものではない。これは、下の字で分類した『佩文韻府』を利用して、その形式をおそったためであると思われる。けれども、押韻を必要とする詩賦の製作の参考書としての「ことば」の類書なら、下の字で引くことが便利であるが、一般に熟語の意味を求めるためには、上の字で引くのが便利である。その後に出版された日本の辞典、中国でさいしょの熟語をふくめた辞典と銘うった商務印書館の『辞源』(一九一五刊)、いずれも上の字で引くようになっている。そういう意味で、商務印書館が、一九三七年に、「万有文庫」の一種として、『佩文韻府』を出版したときに、上の字で引く索引を附録としたことは、類書が、現代においては、辞典としての用途をむしろ主としていることを示すものといえよう。

書物が失われやすいことは、すでに、李清照の例をひいて述べた。中国において、戦争・火災などによって、失われた書物はどれほどあるかわからない。やがて、過去に存在したことがあきらかで今は失われた書物を、なんらかの方法で復原してみたいという考えを人人が持つのは、自然である。そこで、佚亡した書物を編輯する、いわゆる輯佚ということが行なわれるようになってくる。

輯佚のための資料として、過去の書物を類別編纂した類書が使用されることはいうまでもない。類書にはたいてい出所が明記されて引用されているから、それらの諸断片を、出所とする書物ごとにあつめて整理すれば、その書物の全体を復原することは、まずむずかしいとしても、そのいくぶんかはうかがえる。

たとえば、魯迅《ろじん》（一八八一―一九三六）は、その小説史研究の資料として、六朝以前の小説の書物を復原して『古小説鉤沈《こうちん》』を編纂したが、その材料は、宋初に編纂された小説の類書『太平広記』をはじめ『太平御覧』『藝文類聚』『北堂書鈔』『法苑珠林』などからあつめられた。

しかし、輯佚の資料は、類書だけではない。もうひとつ重要な資料としては、注釈がある。たとえば、唐の孔穎達《くようだつ》（五七四―六四八）の『五経正義』、劉宋の裴松之《はいしょうし》（三七二―四五一）の『三国志注』、後魏の酈道元《れきどうげん》（？―五二七）の『水経注』、唐の李善（？―六八九）の『文選注』などがそうである。その他、経書や老荘の音釈書、唐の陸徳明（五五六―六二七）の『経典釈文《けいてんしゃくもん》』、仏教経典の音釈書、玄応《げんのう》の『一切経音義《いっさいきょうおんぎ》』、慧琳《えりん》の『一切経音義』は、すでに失われた古い字書の復原の資料となる。これら、類書や注釈が、輯佚の資料となることは、西洋の古典の佚書復原のばあい、スーイダースの文学辞典やスコリア（注釈）が資料とされるのとひとしいといえる。

こうした、いったん失われた書物を復原しようとする動きは、明ごろから盛んになったが、明代に輯佚された書物の多くは、その出所を記入せず、その信頼性においていくらか欠けざるを得ない。そして、時代とともに、そのしごとは精密となり、清朝の輯佚書には、その出所を明記するものがすくなくない。これらの輯佚書によって、いったん失われた書物のおもかげがうかがえ、特に六朝以前の思想史や文学史の研究において、史的発展を資料的にたどれるようになったのは、これらのしごとが基礎となっているのである。

輯佚の事業として、もっとも大がかりであったのは、清の乾隆帝《けんりゅう》（一七三五—九六在位）の勅命によって、一大叢書『四庫全書』が編纂されたとき、明初の大類書『永楽大典』中から、種種の書物を復原したことであろう。『永楽大典』という類書がしばしば、ある項目について書物全体を収めることがあることは、『水経注』の例をあげてすでに述べたことであって、この復原は、それほどてまのかかることでなかったかもしれないが、『永楽大典』の大部分が失われた現在からいえば、『四庫全書』に収められたがゆえに、地上から永遠に失われてしまったかもしれない書物が保存されることができた点でも、大きな意義をもつ。

また、単にいったん失われた書物だけでなく、ある時代の資料、たとえば文学的散文とか詩を、零細な断片に至るまですべてあつめようとする努力も行なわれた。これは、過去に存在したことの知られる書物を復原しようとするのとは目的は違うが、手段としては同じ方法がとられる。

明の馮惟訥《ふういとつ》（?—一五七二）が隋以前のすべての詩をあつめた『古詩紀』一百五十六巻がそのはじめであろうが、つづいて、唐のすべての詩をあつめようという計画がうまれた。明末清初の胡震亨《こしんこう》の『唐音統籤《とういんとうせん》』と銭謙益（一五八二—一六六四）の『全唐詩』がそれである。けれども、なお、不十分であったので、清の康熙帝の勅命によって、康熙四十六年（一七〇七）、銭氏の書と同名の『全唐詩』九百巻が編纂刊行された。さらに、嘉慶帝（一七九六—一八二〇在位）は、『全唐詩』にならって、唐一代の文学的散文の全集『全唐文』一千巻を編纂させ、刊行した（嘉慶十九年、一八一四）。これらは、目的としてはすべてを網羅しようとしたものであるが、そのなかには、個人の作品として従来まとまっていなかったものもあり、それをまとめたという点で、やはり輯佚のしごとであった。けれども、『古詩紀』『全唐詩』『全唐文』は、ただ一代の文献をあつめただけで、その出所をあきらかにしていないので、資料として信頼性にかけるうらみがある。近年、『全唐詩』『全唐文』については、京都大学人文科学研究所によって、ほぼそのもとづくところをあきらかにすることができ、『古詩紀』については、京都大学・広島大学・東京教育大学（現筑波大学）などの諸大学の共同研究「古詩紀考証」で、出所があきらかにされているが、後者はまだ出版にまでいたっていない。

ところで、同類の書物で、もとづくところをあきらかにしたものが、清朝にすでにあった。それは、『全唐文』の編纂官に加わることができなかった厳可均（一七六二―一八四三）が、発憤してみずから作った『全上古三代秦漢三国六朝文』七百四十一巻である。この書物は、すべての隋以前の文を、一一そのもとづくところをあきらかにして収め、作家・作品について疑問のあるときは考証を加え、研究資料として吟味にたえ得るような形で編纂されていて、その価値はきわめて大きい。

ところで、過去の失われた書物の再構成・再発見は、類書・注釈だけですむものではない。特に、書物という形をはなれて、文献という意味でいうなら、銅器や石碑に刻まれた文章、いわゆる金石文は、重要な資料であって、『全唐文』や厳可均の書物には、それらがすっかりとり入れられている。最近、中華人民共和国成立以後、考古学的発掘がさかんに行なわれ、その人を記念して墓中に埋められる「墓誌銘」が、相当数発見されている。これらが過去の人たちの失われた文学作品の再発見として、今までの缺をいくらか補う意味をもつことはあきらかであろう。

しかし、以上は、過去の失われた書物の復原とはいっても、知られている材料を再構成するか、または、書物ならぬ断片の資料をえるだけのことであった。ところが、中国においては、もはや亡びてしまったと思われた書物がそのまま世界のどこかにそのまま留存していたということもあり得る。そのような、社会から目のふれぬままのこされた書物が、再び日のめを見て、失われたと思われた書物が流伝することが、前世紀〔十九世紀〕から今世紀にかけてさかんに行なわれた。

中国の文化の中心地域において亡びたと思われた書物が、いったいどこに留存していたか。ひとつは、外国であり、もうひとつは、辺境である。もっと具体的にいえば、外国とは、主として日本であり、辺境とは、西方の砂漠地帯、特に敦煌《とんこう》である。

日本人は書物がすきだということが中国でも古くから知られており、宋の欧陽修（一〇〇七―七二）のように、日本には古い文献が存しているのではないかと想像している人もあった。そこで、日本人の中にも、中国で失われて日本ではなお存している書物を出版しようと思う人があらわれて来た。寛延三年（一七五〇）、根本遜志《ねもとそんし》が刊行した、梁《りょう》の皇侃《おうがん》の『論語集解義疏《しっかいぎそ》』十巻は、その一例であるが、この書物は、中国へ渡って、乾隆五十二年（一七八七）、清の宮廷で重刊されている。けれども、それをはっきりと意識して、日本に留存して来たいわゆる佚書を叢書として刊行したのは、徳川幕府において、教育の実権をにぎっていた大学頭《だいがくのかみ》林述斎（一七六八―一八四一）が寛政十一年（一七九九）以後、約十年がかりで編纂出版した「佚存叢書《いつぞんそうしょ》」である。この叢書は『古文孝経孔伝』をはじめとする十六種の書物を収め、木活字版によって出版されたが、のち、民国になってから、中国で影印本も出ている。同様に、明治時代、清国の駐日公使であった黎庶昌《れいしょしょう》（一八三七―九七）とその属官楊守敬《ようしゅけい》（一八三九―一九一四）によって刊行された「古逸叢書」も、日本に伝存する佚書や、すぐれたテキストを翻刻刊行したものである。また、コロタイプなど、写真印刷の技術がすすむと、写本をそのままの形で流布させることができた。「京都帝国大学文学部景印旧鈔本《えいいんきゅうしょうぼん》」は、その一例である。

さて、もうひとつの佚書の宝蔵である敦煌の莫高窟《ばっこうくつ》からあらわれた諸文献は、今世紀のはじめ、スタインとペリオによって、ロンドンとパリに主なものが運び去られ、その研究は「敦煌学」の名を持つほどである。くわしくは、その専家にゆだねるべきであろう。

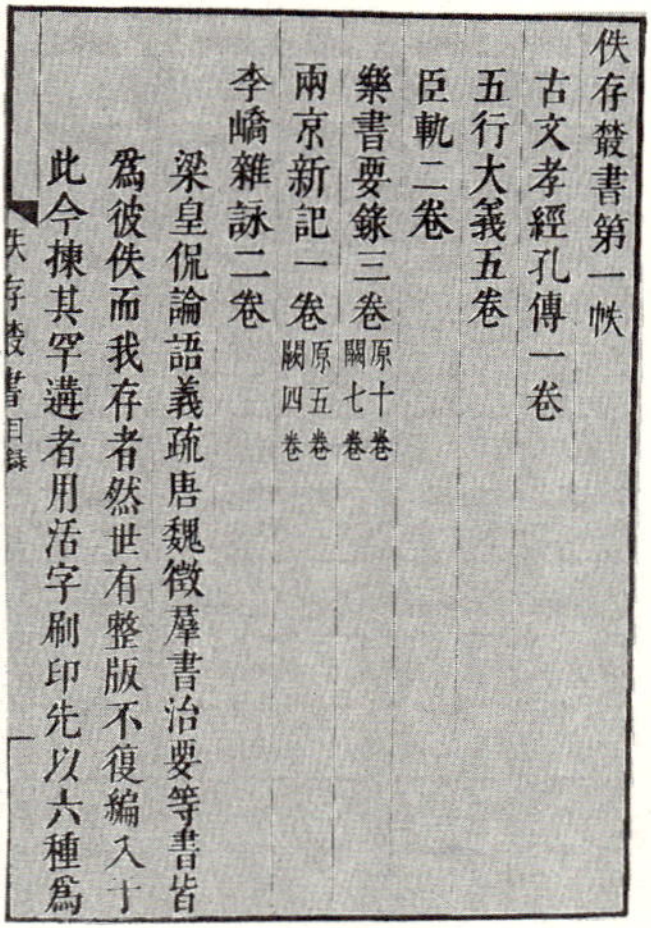
佚存叢書第一帙
古文孝經孔傳一巻
五行大義五巻
臣軌二巻
樂書要錄三巻 原十巻闕七巻
兩京新記一巻 原五巻闕四巻
李嶠雜詠二巻
梁皇侃論語義疏唐魏徵羣書治要等書皆
爲彼佚而我存者然世有整版不復編入十
此今揀其罕遘者用活字刷印先以六種爲
佚存叢書目錄

「佚存叢書」

（補）「古詩紀考証」が出版される前に、中国から同じように出所を明記した逯欽立輯校『先秦漢魏晋南北朝詩』一百三十五巻（北京、一九八三）が出版され、「考証」の出版は中止された。

十　校勘学の発達

過去の失われた書物の復元が、書物全体についてのいわば巨視的な再構成であるのに対し、本文批判によって、文章の原初の形を求めることは、微視的再構成といえよう。書物の復元が考えられるとともに、文章の復元のための本文校定が、それとならんで、あるいはさきだって行なわれたのは当然である。

本文の異同の問題は、早くから存在した。漢代、経書の研究は、一つの経ごとにいくつかの学派が存在したが、それらの学派は、それぞれ、所依のテキストにいくらか差異があった。それらの諸学派の説を折衷し、また、各経書の間の矛盾を調整して一つの体系にまとめたのが、後漢の鄭玄《じょうげん》（一二七―二〇〇）であるが、かれの注釈は、しばしば、学派間のテキストの異同に言及し、多くは、かれの解釈にもとづいて、本文批判を加え、その一つにしたがっている。たとえば、『儀礼《ぎらい》』士昏礼「賓入授如初禮」（賓入って授くること初礼の如し）の注に、「古文、禮を醴と為す」とあるのは、古文学派のテキストでは「如初醴」となっていたのを、鄭玄は、もう一方の学派、今文派のテキストが「如初禮」となっていたのを正しいとして、それにしたがったことを示す。また、同じ篇内の「納徴、玄纁束帛儷皮、如納吉禮」（納徴には、玄《くろ》と纁《あか》の〔一〕束の帛と儷《にまい》の皮をもちうること、納吉の礼の如し）の注に、「今文、纁は皆熏に作る」とあるのは、「玄纁」の「纁」の字体が、今文学派のテキストではどれも、「熏」になっているということであり、鄭玄は古文学派のテキストが「纁」と糸へんをつけている方を採用したことを示す。『詩経』『礼記』など、その他の経書の注釈でも、鄭玄はしばしばこのようなことを行なっている。

本文の異同は、学派のちがいによるものだけでなく、もっと技術的な面からでも生ずる。すでに述べたごとく（三〇頁）、写本は、その性質上、異本が生じやすく、それらの諸異本をつきあわせて、本文の原初的な形を求める校定の事業が重要なしごとであった。そのとき、どれが本文としてもっともよいかということが決定しがたいときは、某本は某の字に作るというように記録されて、別のテキストの形が保存されることになる。

そのように異本の形をなるべく保存しようとした、現存するいちばん古い書物は、おそらく唐の陸徳明（五五六―六二七）の『経典釈文』であろう。たとえば、『礼記』中庸篇の「小人之中庸也」（小人の中庸や）が、『釈文』が底本とした鄭玄のテキストとは異なる王粛のテキストでは、「小人之反中庸也」（小人の中庸に反するや）と「反」の字が一字多い

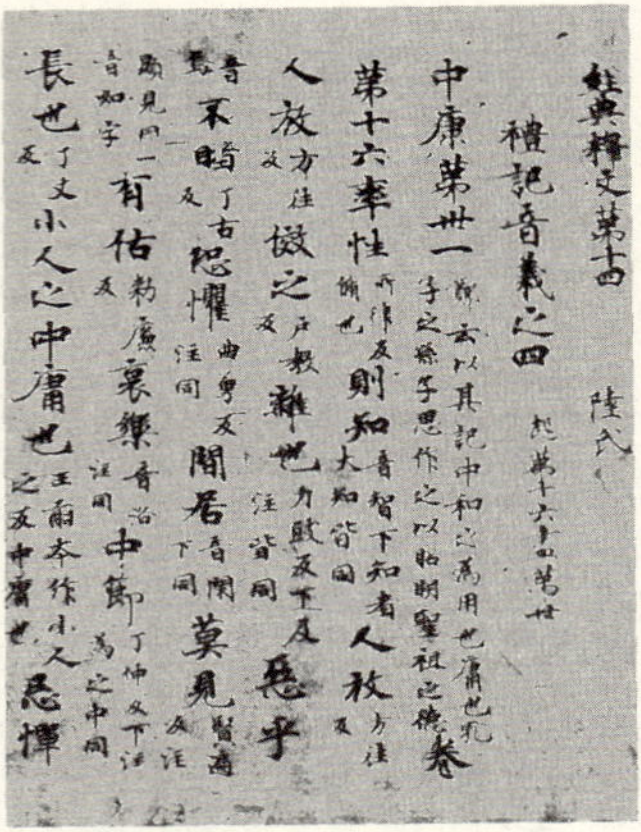

『経典釈文』（京都帝国大学景印旧鈔本）

ことを記している（上の写真参照）。これは、学派間のテキストの異同であるが、『釈文』にしばしば見える「本作某」、あるテキストでは某の字となっていると、はっきり何のテキストであることを示さないものは、こうした技術的な過失から生じた異本をさしているものもあるのではないだろうか。

刊本の時代になると、写本のように筆写者の過失による異本の出現はなくなる。しかし、版に刻するときの誤りはやはり存在するし、うめ木をして刻り直すこともあり、同じ版であるから、いつも全く同じテキストであるとはかぎらない。

印刷術が発明されて、早い時期には非営利出版が多く、その後、次第に営利出版がさかんになって来たことは、すでに述べた（五〇頁以下）。ところで、非営利出版は、その書物が流布することだけを目的とし、生産コストを問題にしないから、刊刻のときの校正もおおむね厳密に行なわれ、また、刻工の技術も比較的すぐれており、したがって、誤刻はきわめてまれであるということになる。これに反して、営利出版では、生産コストを下げるために、刻工の賃銀を抑える必要があり、したがってその技術がおとる。また、校正その他も、なるべく手間をはぶくことになり、誤刻が生じやすくなる。

さらに木版には、つぎのような技術上の問題がある。それは版木用の木材の材質についてである。版木としてほりあがってからは、磨滅しがたく、かつ、長期間保存しても、ひびわれしたり、もくめにくるいが来たりしない材質がよい。しかし、そのような材質は、たいてい堅いから、文字をほっていくためには、てまがかかる。逆にいえば、ほりやすい、材質のやわらかい木は、保存に適しないということになる。しかし、営利出版としては、保存よりも、生産コストの低減の方が大切であろうから、やわらかい材質の木が、版木用として使用されるようになり、さらに、大量出版は、その版木の磨滅を早めることになる。

版木の磨滅に対して、磨滅した版木だけをほり直すことが行なわれた。これを補刻あるいは補刊という。補刊のよい例は、明の南京国子監で刊行されたいわゆる南監本「二十一史」である。この本は、一葉ごとに、刊刻された年が版心に記されているので、どの部分がいつ補刻されたかよくわかり、時代につれて刻された字体が変遷していることもわかる。けれども、南監本「二十一史」のように、補刊をあきらかにしていないのにかかわらず、補刻の部分が存在するものもある。そのようなときは、版式や字体や版の磨滅のぐあいなどから、判断するほかない。補刻の存する本は、たとえば元で刊行され、明の補刊のある本を、元刊明修本というような呼び方をする。このような補刊のとき、磨滅した部分が、しばしば恣意的に臆測によって改められることがあり、これが異本の発生の原因となる。補刊とよく似た経過で異本を生ずるのに、覆刻のばあいがある。版木がのこっていて、破損や磨滅した部分だけをほり直したのが補刊であるが、版木が存在せず、古い刊本をそのまま版下として、新しくほったのが覆刻である。このとき、なるべく忠実にもとの本をおそうのが原則であるが、原本の版がつぶれ、文字が判読できないときには、なんらかの方法で補われなければならない。そのときもしばしば文字がほしいままに補われる。たとえば、唐の元稹《げんじん》（七七九―八三一）の『元氏長慶集』の四部叢刊本は、明の嘉靖刊本を影印したものであるが、そのあやまりは、しばしば版の外辺に集中している。これは、嘉靖刊本がもとづいた宋本の磨滅した箇所を刊行者の推測で勝手に補ったためである。このことは、やはり、異本を生むことになる。

以上の二つは、同一または類似した版でも異同を生ずる理由であるが、刊刻したときの底本が異なったばあいは、もちろん、ちがったテキストとなることはいうまでもない。だから、刊本の時代になって間もなく、早くも刊本相互を比較検討して、本文批判した書物があらわれている。たとえば、韓愈《かんゆ》の文集の本文の批判は、南宋の方崧卿《ほうすうけい》（一一一九一七八）の『韓集挙正』十巻、さらにこの「挙正」を批判する形で作られた朱熹《しゅき》（一一三〇―一二〇〇）の『韓文考異』の二専著で行なわれている。刊本が盛行したのは十世紀からであるが、その二百年後、十二世紀にはすでに諸本の異同を考訂するための著書が現われているのである。

　元・明の二代は、本文の考訂よりも、写本や古い刊本を得て出版することの方に力がそそがれたように思われる。明代では、しばしば宋刊本がそのまま覆刻され、その祖本も存在していて、覆刻の精密さをうかがうことができるものもある。諸刊本の異同を対校して、本文批判が盛んに行なわれるようになったのは、清朝、特にその中期以後である。

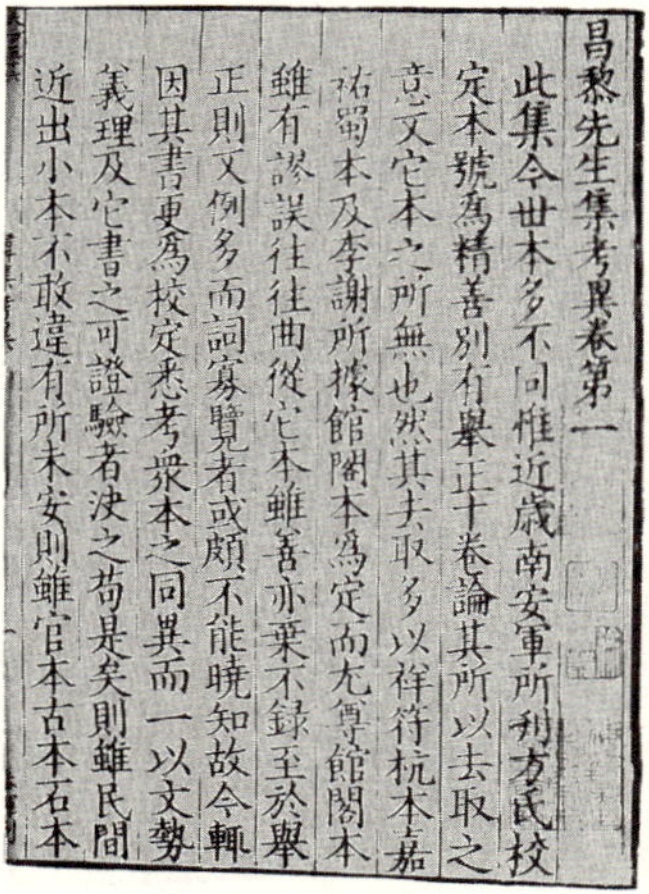
昌黎先生集考異卷第一
此集今世本多不同惟近歳南安軍所刋方氏校
定本號爲精善別有舉正十卷論其所以去取之
意又它本之所無也然其去取多以祥符杭本嘉
祐蜀本及李謝所據館閣本爲定而尤尊館閣本
雖有謬誤往往曲從它本雖善亦棄不録至於舉
正則又例多而詞寡覽者或頗不能曉知故今輒
因其書更爲校定悉考衆本之同異而一以文勢
義理及它書之可證驗者決之苟是矣則雖民間
近出小本不敢違有所未安則雖官本古本石本

『韓文考異』

　清朝になって、校勘の資料は、単にその書の諸刊本だけでなくなって来た。書物の復元に、類書や資料の再発見が、非常に役立ったように、本文批判にも、類書の利用や新資料の探索が重要性を持って来たのであ

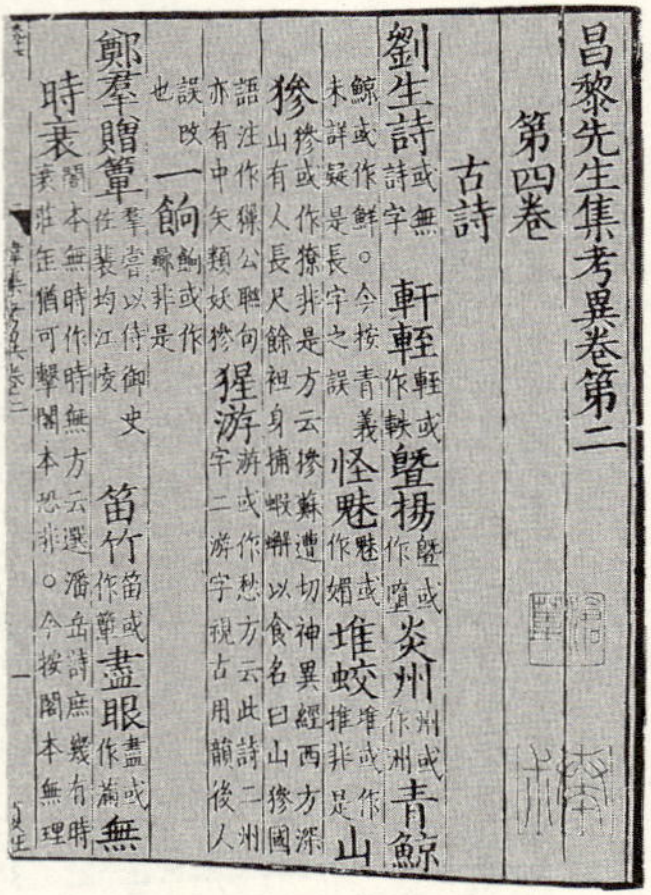

『韓文考異』

る。本文批判において、書物相互間の対校にとどまらず、そのほかの資料をも使用しようとした人は、すでに宋代にもあった。北宋の欧陽修（一〇〇七—七二）や趙明誠《ちょうめいせい》（一〇八一—一一二九）が、銅器や石碑を研究するいわゆる金石学をはじめたのも、それらの銘文についての本文批判に役立てようというのが、その目的の一つであった。朱熹の『韓文考異』でも、しばしば石碑にほられた韓愈の文章を利用している。また、ある作家の詩文の校訂については、総集すなわち詞華集中に選ばれたその作品によって、文字の異同を考えることも、早くからなされている。

以前からあった諸種の方法を駆使して、できるだけの資料をあつめ、できるだけ原初の形に復しようとしたのが清朝人の校勘学であった。そのため、二つの顕著な動きが見られるようになった。

その一つは、古い刊本の甚だしい尊重である。最初の刊本から、補刻・覆刻・改刻されるたびに、いくらかずつの誤差が生ずるとすれば、時代が下がれば下がるほど、その誤差が大きくなるのは、いうまでもない。そこで、誤差のすくない、なるだけ古い刊本を求めようとすることになる。さらに、もう一つの理由として、古い刊本ほど、非営利出版で出されたものが多く、したがって出版のときの誤刻もまれであるということがあげられる。かくして、古い刊本、特に宋版が尊重された。たとえば、黄丕烈《こうひれつ》（一七六三―一八二五）は、みずから「佞宋《ねいそう》主人」と称し、宋本を百余種、手に入れて、「百宋一廛《いってん》」といい、友人顧広圻《ここうき》（一七七〇―一八三九）に、そのことを述べた「百宋一廛賦」という美文を作らせて、自分でその注を書いた。また、清末の陸心源（一八三四―九四）は、二百種の宋版を集めて、その書庫を「皕宋楼《ひょくそうろう》」と名づけた。なお、陸氏皕宋楼の蔵書は、のち、日本の岩崎氏が購入し、いま、財団法人静嘉堂文庫の漢籍善本の主要部分をなしている。

もう一つは、未知の資料による校勘である。これも、書物の再発見と同じく、日本に留存した資料の使用がきっかけとなったといえよう。それは、荻生徂徠《おぎゅうそらい》（一六六六―一七二八）の門人山井鼎《やまのいてい》（一六九〇？―一七二八）が、下野《しもつけ》の足利《あしかが》学校に蔵される古写本や古刊本を使用して、経書やその注釈の本文考訂を行なったことにはじまる。かれは、『易』『書』『詩』『礼記』『春秋左氏伝』『論語』『孝経』の七経と『孟子』およびその注釈について、校勘記を作ったが、その死後、徂徠の弟荻生北渓《ほくけい》（名は観）の補遺とともに、『七経孟子

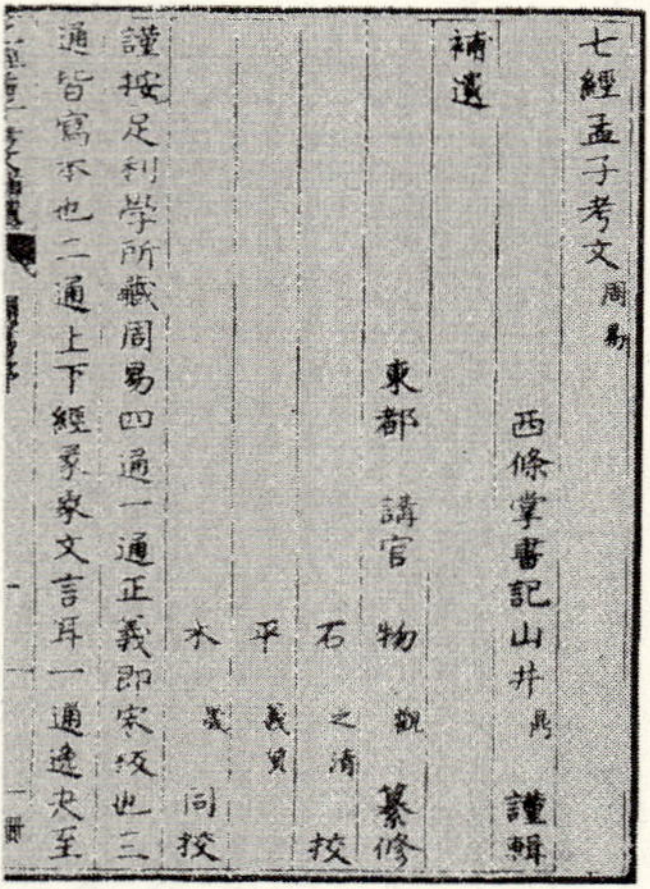

『七経孟子考文併びに補遺』

考文併びに補遺』として享保十六年（一七三一）に刊行された。この書物が、中国へ送られて、注目をひき、乾隆の『四庫全書』編纂のとき、存書として著録され、つづいて阮元《げんげん》（一七六四—一八四九）が刊行して、「文選楼叢書」の一種として流布した。阮元が、その秘書たちを使ってこしらえた『十三経注疏併びに経典釈文《しゃくもん》校勘記』二百四十五巻は、山井鼎のこの書に刺激されて作られたもので、山井氏の成果をほぼとり入れている。清朝後期の学者龔自珍《きょうじちん》（一七九二—一八四一）は、「番舶に与えて日本の佚書を求むる書」（『定盦《ていあん》文集補編』巻三）という書簡を書いているが、その中で言及している書物は、皇侃《おうがん》の『論語疏（疏）』、「佚存叢書」とならんで『七経孟子考文』であり、通儒大夫としてあげられているのは、篠君信篤とならんで山君井鼎（山井が姓、鼎が名であることを知らなかった）である。「考文」流行のさまをうかがい知ることができよう。黎庶昌《れいしょしょう》等の「古逸叢書」も、単に佚書だけでなく、蜀大字本『爾雅《じが》』や正平版『論語』のごとく、古いよいテキストをも覆刻して、その流通をはかり、校勘学への寄与もすくなくない。

文献学的方法によって研究が行なわれるばあい、本文批判とそれを基礎とした本文解釈が研究の出発となる。清朝以来の校勘学の発達は、現在の文献学的方法の基礎をあらかじめきずいたといえるであろう。

中国の蔵書家たち

上

書物を蔵するのは、個人とは限らないが、蔵書家は個人である。したがって、個人が書物を収集する便がないときは、蔵書家が生まれにくい。たとえば、書物といえば写本であった時期には、書物は写字生に必要なものを筆写させる注文生産によって作られるから、書物を蔵するためには、書物は買うのでなく、作られねばならない。だが、写字生をたくさん抱えて書物を筆写させることは、国家の事業としてなら別だが、個人としては容易なことではない。だから、中国で蔵書家が生まれるのは、主として書物が大量に生産される印刷術の発明以後のことである。

と同時に、書物が大量にあっても、もしそれを流通させる機構がなければ、やはり、蔵書家が生まれにくい。現在の中国では、貴重な古刊本は、公共図書館が購入するから、古書について流通機構は、全くないわけではないが、いわゆる善本を収集する蔵書家が生まれるわけはない。又、個人の蔵書家の貴重な古刊本が、公共の図書館に寄贈されることも少なくない。一九五九年に出版された『北京図書館善本書目』の序によれば、「建国後、著名な蔵書家、周叔弢《しゅうしゅくとう》・瞿済蒼《くさいそう》・劉少山《りゅうしょうざん》・翁之憙《おうしき》・邢之襄《けいしじょう》・傅忠謨《ふちゅうぼ》・趙元方《ちょうげんぽう》・蔡瑛《さいえい》・呉良《ごりょう》士《し》等の先生および潘《はん》氏宝礼堂《ほうれいどう》は、苦労して収集し、歴代相伝して来た珍貴な古書を無条件に国家に献納された」とある。この蔵書家諸氏が、どういう方方か、よく存ぜぬが、瞿済蒼氏の捐贈《けんぞう》された本は、『鉄琴銅剣楼蔵書目録』に著録されるものであるから、常熟の瞿《く》鏞《よう》鉄琴銅剣楼の後人であることはたしかであり、同様に、傅忠謨氏が、江安の傅増湘《ふぞうしょう》双鑑楼の後人であることもわかる。このように公庫にいったん納入された書籍は、もはや流通市場に環流することはないから、次第次第に書籍の流通量が減少して行き、蔵書家が生まれがたくなる。

　この事情は、中国本土だけでなく、台湾・香港でも同じことで、古書籍の流通はきわめて稀になって来ている。もう二十年も前のはなしであるが、一九六〇年春から一年間、香港に滞在したとき、さいしょは、クインズ・ロードの商務印書館や中華書局の古書部に、清朝人の別集などが並べてあって、いくらか購入もしたが、この滞在中の一年間でも、次第に木版本が目に見えて減少し、六一年春には、両店とも古書部にあるのは、影印本と複製の絵画が主な商品という状況になってしまった。二十年前の一年間にしてこれほど大きな変化があったのだから、現在では、もっと事情は悪くなっているであろう。

こうしたわけで、写本の時代とはちがった理由のもとに、新しい蔵書家が生まれないようになっている。一世代前の神田喜一郎先生とか吉川幸次郎先生は、中国の蔵書家と直接交游を持たれていたから、そういう人たちがどういう人であったか、よくご存じであろうけれども、わたくしの世代のものは、そういう経験を持たない。文献の上の過去の蔵書家を語るほかないのである。

ところで、そうした過去の蔵書家の蔵書は、散逸するのが常であるが、現在まで伝えられて、しかも、その現状を知り得る記録を最近読んだ。すなわち、寧波《にんぽ》の天一閣《てんいつかく》を紹介した王欣栄《おうきんえい》「范欽《はんきん》と天一閣蔵書楼」（「光明日報」一九七九年三月二十一日号）である。以下、それを要約して、過去の蔵書家の蔵書の現状を述べたい。

天一閣は、中国で現存する最も古い蔵書楼であって、明の嘉靖四十年（一五六一）に、范欽によって創建された。かれは、同地の蔵書家豊《ほう》氏万巻楼の書物を多く受けついだほか、各地に地方官として出るたび、書物を購入したり、筆写したりして、増加させ、范欽がなくなったときには、すでに七万巻に達していた。

天一閣

范欽は、書物が火災にかかることを最も恐れた。天一閣という名も、「天一は水を生ず」という易の思想にもとづいてつけたもので、まわりを池でとり囲んだ。又、タバコを吸うことと、夜間、書物を読むことを厳禁した。管理を厳重にして、戸や本箱の鍵を一族で分けて保管し、各家の家長がそろわなければ、戸や本箱をあけられないようにした。のちには、規定をこしらえて、子孫の理由もなく戸をあけて閣にはいる者、親戚友人をつれて閣にはいったり勝手に本箱をあける者、勝手に蔵書を親戚や他姓に貸し出した者、質に置いたり売ったりした者は、規定にしたがって厳罰に処することにした。有名な文献学者鄭振鐸《ていしんたく》は一九三九年に寧波へ来て、天一閣に登ろうとしたが、この規定によって許可されなかった。

乾隆《けんりゅう》三十七年（一七七二）、『四庫全書』が編集されたとき、范欽の八世の孫范懋柱《はんぼうちゅう》は、六百三十八種の書物を献呈し、乾隆帝からほうびとして『古今図書集成』一部を賜わった。なお、そのとき、『四庫全書』を置いた文淵閣などの建物は、天一閣を模範としたものである。

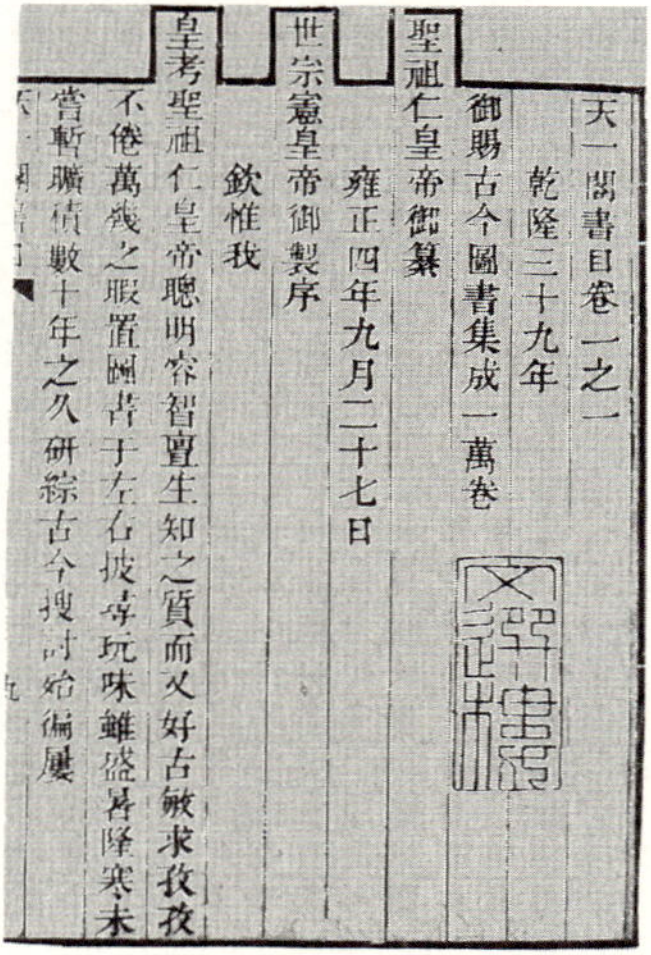
天一閣書目卷一之一
乾隆三十九年
御賜古今圖書集成一萬卷
聖祖仁皇帝御纂
雍正四年九月二十七日
世宗憲皇帝御製序
欽惟我
皇考聖祖仁皇帝聰明睿智亶生知之質而又好古敏求孜孜
不倦萬幾之暇置圖書于左右披尋玩味雖盛暑隆寒未
嘗暫曠積數十年之久研綜古今搜討始徧屢

『天一閣書目』

このように、天一閣では、火災と管理とに注意していたが、人災を免れることはできなかった。一つは、乾隆の『四庫全書』編集のとき、もとどおり返還されるはずのが、途中の官吏たちによって大部分ごまかされてしまった。ついで、アヘン戦争のとき、イギリス軍が寧波を襲撃し、天一閣に乱入、『大明一統志』など地理書数十種を掠奪した。一八六一年、太平天国の混乱の際、イギリスとフランスの宣教師が、ならずものをそそのかして、一口の図書を国外に流出させたり、中国紙の工場に売ったりした。一九一四年には、帝国主義分子が上海の書商と結托、大どろぼうをやとって、そっと天一閣のてっぺんに穴をあけ、十日あまり忍びこんで、奸商の印をつけた書目にもとづいて、珍貴な書籍一千種あまりを盗んだ。そのほか、「当地の父母の官」つまり知事が借りて返さなかったり、一族のものが盗んだりしたものもある。そこで、一九四九年解放のときには、天一閣の蔵書は、ただ一万三千巻をのこすだけとなった。

解放のとき、周恩来総理は、人民解放軍の南下の前に、天一閣蔵書楼を注意して保護するように指示し、解放後は、政府が連年建物を修理し、蔵書に対して整理を行なっている。天一閣管理部門の多年の捜索の努力により、外へ流出していた天一閣原蔵の古籍三千巻あまりを買いもどした。

郭沫若《かくまつじやく》同志は、一九六二年、天一閣へ視察に来て、管理事務に対して深い満足を表わし、七言律詩一首を作った。

文化革命の時期も、職員はこの文化遺産に損害を受けさせず、蔵書を大量に増加させた。周恩来総理は、重病中も「できるだけ速やかに『全国善本書総目録』を編集せよ」といいつけられていたが、それにもとづき、現在の蔵書三十万巻も、専門の班を組織して、整理を進めつつある。

范欽のように、十二分に管理していても、七万巻の書物が、一万三千巻に減少して、郭沫若の詩の第二聯で「劫《うば》わるるを歴《へ》て僅かに五分の一を存し、今に至るまで猶《なお》万巻の書有り」と嘆かせることになる。北京図書館に捐贈された瞿氏鉄琴銅剣楼の書も傅氏双鑑楼の書も、もとの目録と比べると、ごくわずかでしかない。個人の蔵書家が蔵書を子子孫孫まで保存することは、至難のわざである。天一閣が、せめて三千巻あまりを買いもどすことができたことは、范欽の霊にとって最大の慰めであるかもしれない。

下

清末の葉昌熾《ようしょうし》（一八四九―一九一七）が、中国の蔵書家たちを七言絶句の連作でうたい、その事跡を注として書きつけた『蔵書紀事詩』七巻は、成都ではじめて『文選』『初学記』『白氏六帖《りくじょう》』を木版で印刷した五代の毋昭裔《ぶしょうえい》にはじまり、同時代人の江標（一八六〇―九九）におわる。蔵書家ができるには、ある程度の図書の流通が必要なこと、上に説いたごとくであり、現在は、別の理由で蔵書家が生まれがたいこと、すでに述べたようであるなら、中国の蔵書家のほとんど全部を、この書は網羅しているといってよいであろう。も

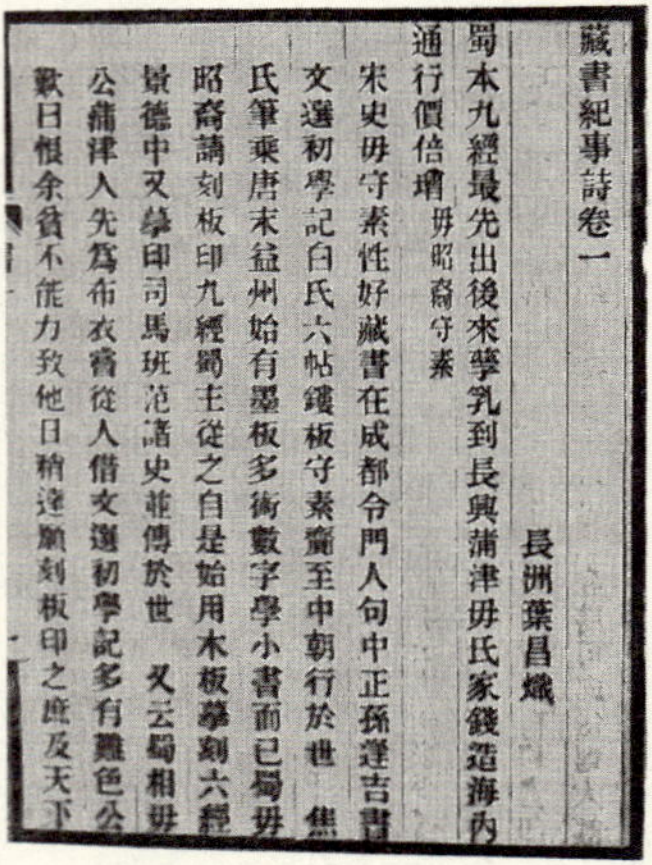
藏書紀事詩卷一
長洲葉昌熾
蜀本九經最先出後來學乳到長興蒲津毋氏家錢遣海內
通行價倍增　毋昭裔守素
宋史毋守素性好藏書在成都令門人句中正孫逢吉書
文選初學記白氏六帖鏤板守素齎至中朝行於世　焦
氏筆乘唐末益州始有墨板多術數字學小書而已蜀毋
昭裔請刻板印九經蜀主從之自是始用木板摹刻六經
景德中又摹印司馬班范諸史並傳於世　又云蜀相毋
公蒲津人先爲布衣嘗從人借文選初學記多有難色公
歎曰恨余貧不能力致他日稍達願刻板印之庶及天下

『蔵書紀事詩』

し、中国の蔵書家たちの伝記を見ようと思うなら、もっとも手っ取り早い本である。蔵書家ひとりひとりの姿を紹介することは、この書にまかせて、ちょっと気づいたことがある。

清の学者洪亮吉《こうりょうきつ》（一七四六―一八〇九）が、その著『北江詩話』巻三で、蔵書家を五等に分けたことは、倉石武四郎先生『目録学』（東京大学東洋文化研究所「東洋学文献センター叢刊」第二〇輯、一九七三）にくわしく紹介されているが、先生の著書を見られない方のために要約すれば、

一、考訂家　銭大昕《せんだいきん》（一七二八―一八〇四）、戴震《たいしん》（一七二三―七七）など。この人たちは、その書物の由来を考え、失われた部分までも指摘是正する。

二、校讐家《こうしゅうか》　盧文弨《ろぶんしょう》（一七一七―九五）、翁方綱《おうほうこう》（一七三三―一八一八）など。テキストクリティークを専門とする。

三、収蔵家　鄞《ぎん》県范《はん》氏の天一閣、銭唐呉《ご》氏の瓶花《へいか》斎《さい》、崑山《こんざん》徐氏の伝是《でんぜ》楼《ろう》など。珍しい本

を捜し求め、古い文献の保存と、学者の研究に役立てる。
四、賞鑑家　黄丕《こうひ》烈《れつ》（一七六三―一八二五）、鮑廷博《ほうていはく》（一七二八―一八一四）など。印刷の精緻なのを求め、宋刊本ばかりを好む。著者の意図は理解せぬところがあっても、印刷の年月は、いちばんよく知っている。
五、掠販家　銭景開、陶正祥《とうしょうしょう》（一七三二―九七）、施《し》漢英《かんえい》など。没落の旧家から安く仕入れて来て、金持ちの書物好きに高く売りつける。真偽を弁別し、年代を鑑定し、福建刊本と四川刊本とごまかせないし、宋板元板を一見すぐ見抜く。

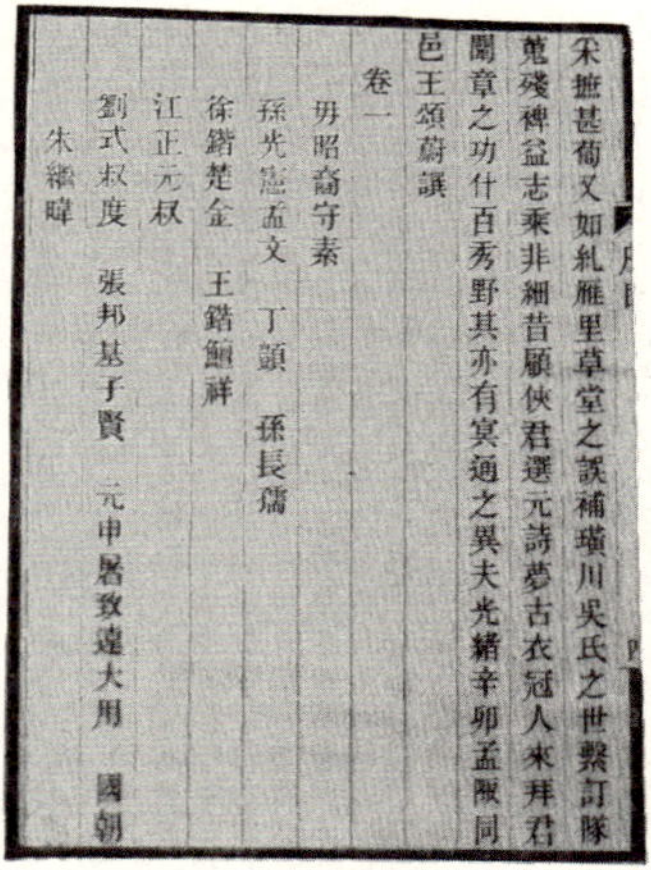
采摭甚備又如糺雁里草堂之誤補璜川吳氏之世繫訂隊
蒐殘裨益志乘非細昔顧俠君選元詩夢古衣冠人來拜君
闡章之功什百秀野其亦有冥通之異夫光緒辛卯孟陬同
邑王頌蔚譔
卷一
毋昭裔守素
孫光憲孟文　丁顗　孫長孺
徐鍇楚金　王鍇鮑祥
江正元叔
劉式叔度　張邦基子賢　元中居致遠大用　國朝
朱繼暐

『蔵書紀事詩』

この五つは、等級に分けているので、ただ五種並列したのではない。考訂家は、書物の存在せぬ部分まで見透すが、校讎家は、存在する文字の対校にとどまる。収蔵家は、校讎家のごとく精密でないが、珍しい本を集めるため、利用のしかたによっては、学問に大いに役立つ。賞鑑家になると、本の内容はどうでもよくなり、本の外形だけを問題にする。掠販家は、書籍商であるが、ただの商人ではなく、本の鑑定眼を具えねばならぬ。陶正祥は、当時の学者孫星衍《そんせいえん》（一七五三―一八一八）がその墓誌銘「清故封修職郎両浙塩課大使陶《とう》君正祥《しょうしょう》墓碣銘」（『五松園文稿』）を書き、鑑定にすぐれたこと、洪亮吉のいうほど、あくどくはなかったことなどを記す。

ところで、ここに、その例としてあげられた蔵書家は、葉昌熾『蔵書紀事詩』の中で、それぞれ、掠販家に至るまでうたわれているのであるが、銭大昕、戴震、掠販家の施漢英だけは見えぬ。施漢英はさておき、銭大昕、戴震といえば、清朝考証学の大家であり、経学・語学・史学、地理学・数学に至るまで、広い範囲にわたって千載にのこる著述を成した人である。その二人の大家が、『蔵書紀事詩』に見えぬのは、ふつう蔵書家として有名でなかったことを示す。そのふつう「蔵書家」でない二人を、「蔵書家」のさいしょにあげたのは、洪亮吉の微旨であったかもしれぬ。戴震が『四庫全書』纂修官として、『四庫全書』編集のときに集められた図書を利用し得たことはもちろん、提要のいくつかがその手に成ることもよく知られていたことである。銭大昕はその『潜研堂文集』五十巻のうち、六巻が題跋で、いわば、たくさんの読書感想文を書いているわけであるが、そのうちには、賞鑑家黄丕烈から借用して来た書籍であることを明記したものもある。二人とも、自身いわゆる「蔵書家」でなかったかもしれないが、自身のでない「蔵書」をよく利用して、それを自身のうちなる「蔵書」とした。それは存在する書物以上にまで及ぶ「缺失を是正する」ことと相通ずるであろう。洪亮吉が、『蔵書紀事詩』に収めない二人を、「蔵書家」の第一等に置いたのは、形ある「蔵書」よりも、形なき「蔵書」を尊んだのではなかろうか。
洪亮吉のこの蔵書家五等説を補訂する意見を提出したのは、葉徳輝《ようとくき》（一八六四―一九二七）の『書林清話』巻九「洪亮吉、蔵書に数等有り」の条である。葉徳輝の考えを要約すると、つぎのようになる。

考訂家と校讎家とは、一つでもあり二つでもあって、まとめて「著述家」と呼ぶことができる。もっぱら書物の刊行を仕事にしているなら、「校勘家」と呼ぶべきだ。清初の銭謙益（一五八二―一六六四）、王士禛《おうししん》（一六三四―一七一一）、朱彝尊《しゅいそん》（一六二九―一七〇九）は、みな著述家である。毛晋《もうしん》（一五九九―一六五九）は、校勘家で、収蔵家でもある。銭《せん》曾《そう》（一六二九―一七〇一）、季振宜《きしんぎ》（一六三〇―?）は、賞鑑家である。毛晋の刊行した書物は天下に流通しているが、校勘が精密でないから、校讎家の中に一席分け与えることはできぬ。ちょうど何焯《かしゃく》（一六六一―一七二二）『義門読書記』は、平生書物の校勘がいちばん多いが、それでも賞鑑といえるぐらいで、考訂と校讎とにはどちらも収められぬようなものだ。洪亮吉と同時代人では、畢沅《ひつげん》（一七三〇―九七）、孫星衍、馬曰璐《ばえつろ》があり、考訂、校讎、収蔵、賞鑑ぜんぶを兼ねている。盧見曾《ろけんそう》（一六九〇―一七六八）、秦恩復《しんおんぷく》（一七六〇―

一八四三）、張敦仁《ちょうとんじん》（一七五四―一八三四）、顧広圻《ここうき》（一七七〇―一八三九）のようなのは、もっぱらの校勘家である。納蘭成徳《のうらんせいとく》（一六五五―八五）『通志堂経解』、呉省蘭《ごせいらん》『藝海珠塵』は、刊行した書物は多いが、精華はたいへん少ない。けれども古い書籍がおかげで伝来刊行されたのだから、やはり学術上功績がある。ただ黄丕烈『士礼居叢書』、鮑廷博『知不足斎叢書』は、賞鑑にすぐれているうえに、校勘にもすぐれていて、ほかにめったにないほどである。このほか、孔継涵《こうけいかん》（一七三九―八三）『微波榭《びはしゃ》叢書』、李文藻《りぶんそう》（一七三〇―七八）『貸園叢書』は、収蔵でもそれぞれ名家だが、校勘でも役立つものが相当多い。それらも名をとりあげる中に入れるべきであろう。

この葉徳輝の意見は、蔵書家を類別しただけで、洪亮吉のが「等」といって価値判断を含めたのと異なる。洪亮吉が、いわゆる蔵書家ならぬ「蔵書家」、戴震・銭大昕を考訂家として特に標出した意味は、葉徳輝が考訂・校讎を一つにして著述家と呼んだとき、消え去ってしまっている。まして、畢沅・孫星衍・馬曰璐の三人が考訂、校讎、収蔵、賞鑑を兼ねているといったとき、この人たちの価値は何等に置かれるのであろうか。

現在は、もう『蔵書紀事詩』に収められるような蔵書家は現われない。しかし、いわゆる蔵書家ならぬ第一等の「蔵書家」、考訂家は、いくらでも生まれ得るし、また、そういう人たちこそ大切なのである。そして、銭大昕、戴震を育てた四庫館や黄丕烈士礼居以上のりっぱな環境の図書館がある。

中国のエディション

これは、中国だけのことではないかも知れないが、少なくとも、中国では、書籍が生まれると、間もなく流通機構ができたらしい。前漢末、揚雄（前五三―後一八）の『法言』吾子篇に、「書肆《しょし》」の語が見えるから、イエス・キリストの生まれたころには、もう、書店が確かに存在していた。市場に書籍を売る店ができたのは、おそらくもっと以前に遡ることができよう。揚雄ののち、しばらくして生まれた個性的な思想家王充《おうじゅう》（二七―九七頃）は、家が貧乏なので、書物がなく、首都洛陽の大学に学んでいたとき、いつも市場の書肆で、売られている書物を読んだが、一見してすぐ記憶暗誦でき、かくて「衆流百家の言」に博く通じたという。書店があれば、立ち読みする者がある点は、昔も今もかわりはない。

漢代、まだ写本しかなかった時代でさえ、このような流通機構があったのだから、唐代中期、八世紀ごろ、木版印刷が発明されると、出版が流通機構に乗って営利事業となるのにひまはかからなかった。北宋時代、十、十一世紀、印刷が盛行し始めたころ、著者の関知しない印刷物がすでに出版されていた。当時の文学者欧陽修《おうようしゅう》（一〇〇七—七二）は、最近、木版印刷が特に多いが、これは書籍販売の人を規制しないからである、首都で近ごろ『宋文』と名づける二十巻の印刷された文集が出版され、その多くは現代の政治評論であって、外交上不都合であるから、出版を規制せよ、という意見を述べ（『欧陽文忠公文集』巻一百八、「論雕印文字劄子」）又、蘇軾（一〇三七—一一〇一）すなわち蘇東坡は、詩文中に朝廷を誹謗したものがあると訴えられたとき、証拠として提出された詩集が、本人の知らぬ間に出版された海賊版であって、預かり知らぬことと弁明している。この時代、本人の許可なしに営利出版が盛行していたことをうかがわせる。

このような営利出版として出される書籍は、できるだけ多くの買い手を得るようにせねばならない。その方法の一つは、今度出版される本が今までにない新しさを持っていることを、買い手に印象づけることである。かくて、その本の特色を示すべく、題名の上にいろいろな修飾を加えることになる。

中国の古典の影印本、つまり写真印刷による本の叢書『四部叢刊』に収められる

監本纂図重言重意互註点校尚書

はその例である。

これは、『尚書』つまり『書経』であるが、その上に冠せられる十二字の修飾は、この本がいかに特色あるかを宣伝する。まず、「監本」とは、国子監すなわち首都の国立大学で使用される権威あるテキストであることをいう。「纂図《さんず》」は、『尚書』を読むのに参考になる図が集められていることで、この本の巻頭に、「唐虞《とうぐ》夏商周譜系図」という系図や「随山濬《しゅんせん》川之図」という地図など八枚の図が附せられている。「重言《ちょうげん》」は、『尚書』中の同じ句を指摘し、「重意《ちょうい》」は、同じく似た意の句を指摘し、「互註」は、『尚書』以外の経書の同一もしくは類似の句を引く。平成の元号の出典となった大禹謨《だいうぼ》篇の「地平天成」の「互註」には、「左（伝）僖（公）二十四年、夏書曰、「地平天成、称也」。注云、「地平其化、天成其施、上下相称為宜」」が引かれている。「点校」は、句点を打ち、校訂が施されていることをいう。この『尚書』は、なるほど、中国の書籍には珍しく、本文だけだが、句点が施されている。以上のような箇所が、ふつうの本文と孔安国伝だけの『尚書』とちがうのだということを宣伝しているのである。

経書のようなオーソドクスな本でも、従来のテキストと異なる新しいエディションであることを強調するのだから、まして、売らんかなの戯曲小説となると、いっそう甚だしい。

新編金童玉女嬌紅記

新刻京板青陽時調詞林一枝

新鍥京本校正通俗演義按鑑三国志伝

新刻金瓶梅詞話

のように、新編・新刻・新鍥《しんけつ》の名を冠して、このたび新しく刊刻されたことを宣伝する。又、京板《けいはん》・京本とは、首都刊行のテキストにもとづいていることを強調しているので、『尚書』に「監本」を冠して、テキストの権威づけを行なったのと同じやりかたである。

こうした書名に冠せられた形容は、宣伝であって、事実とは必ずしも限らない。「新刻」といっても、「旧刻」があっての「新刻」とはいいきれない。『新刻金瓶梅詞話』のようなのはそれで、予想される「原刻」は、まだ発見されていないし、いったい「原刻」などはなく、ただ「新しく刻した」ことを強調したものと考えてもよいように思う。

読者としては、新しい出版物であるほど、「先睹為快」人より先に見るほど愉快だというわけで、購買欲がそそられるわけだが、しかし、それが権威あるテキストでなければ信頼できぬので、「監本」「京本」を加えることになる。又、「新しい」というのと矛盾するようだが、「古い」というのも権威を持つことになる。そこで、古いテキストに依拠することを標榜して、「古本」を冠することになる。

新校注古本西廂記

新鐫《しんせん》出像古本西遊証道書

などがそれである。もっとも、この「古本」もあてにならぬので、清の金聖歎が批評を加えた、

第五才子書施耐庵水滸伝

は、金聖歎によれば、「古本」に拠ったというが、最近では、金聖歎が自分の批評に都合のよいように、自身で本文を改めて、それを「古本」に拠ったといっているのだとするのが、定説になっている。

又一方で、時代が下がると、古い出版物ほど、稀少価値が出て来るから、古書籍商で何とか古く見せるように手を加えるようになる。『明《みん》弘治本三国志通俗演義』が、一九二八年、上海商務印書館で影印されて、『三国志演義』現存最古の刊本として喧伝されたが、文中、弘治十七年(一五〇四)の作の尹直《いんちょく》「名相賛」が引用されていて、弘治七年(一四九四)序のときの刊本であるはずがなく、実は嘉靖三十一年(一五五二)の刊本から、だれかが嘉靖の序を削除して古く見せかけようとしたもので(中国科学院文学研究所編『中国文学史』、北京、一九六二、八四一頁)、最近、嘉靖序のある本も新しく影印されている。

さて、先に述べたように各エディションは、それぞれその新しさを強調しているにかかわらず、本文は実は似たりよったりであるときもあるが、逆に同じエディションと思われるものが、版木を埋め木で刻り改めることによって、修改が加えられていることがあり、

これは、一見、版式が同じであるだけに注意を要する。

その一例は、岩波文庫『水滸伝』が底本としている容与堂刊一百回本『李卓吾先生批評忠義水滸伝』である。このエディションの問題点は、大内田三郎・高島俊男両氏によって詳細に調査されているが、ここでは、最近、出版された高島氏『水滸伝の世界』（東京、大修館書店、一九八七）によって説明する。この「類」のエディションは、版心に「容与堂蔵板」とあるところから、容与堂本といわれるのであるが、これが実は一「種」ではないのである。岩波文庫の底本、内閣文庫所蔵本は、毎葉版心に「容与堂蔵板」があるが、

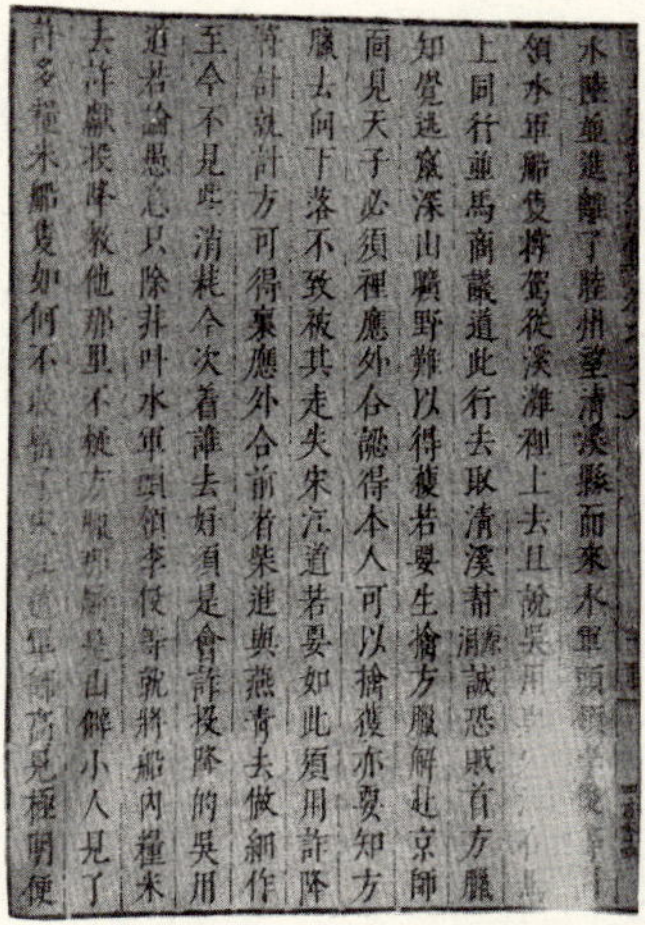
水陸並進離了睦州望清溪縣而來水軍頭領
領水軍船隻將駕從溪灘裡上去且說吳用
上同行並馬商議道此行去取清溪幇源誠恐賊首方臘
知覺逃竄深山曠野難以得獲若要生擒方臘解赴京師
面見天子必須裡應外合認得本人可以擒獲亦要知方
臘去向下落不致被其走失宋江道若要如此須用詐降
將計就計方可得裏應外合前者柴進與燕青去做細作
至今不見些消耗今次着誰去好須是會詐投降的吳用
道若論愚意只除非叫水軍頭領李俊等就將船內糧米
去詐獻投降教他那里不疑方臘那廝是山僻小人見了
許多糧米船隻如何不收

容与堂本『水滸伝』（内閣文庫蔵）

本文そのものには手が加えられている。つまり、文字を削り去って、あとがあきのままになっているところがあったり、一字分に二字横に並べて刻って字を加えたところがあったりする。この内閣文庫所蔵本と版式は同じだが、版心の「容与堂蔵板」の文字が、一部にしか存しない本がある。それは、

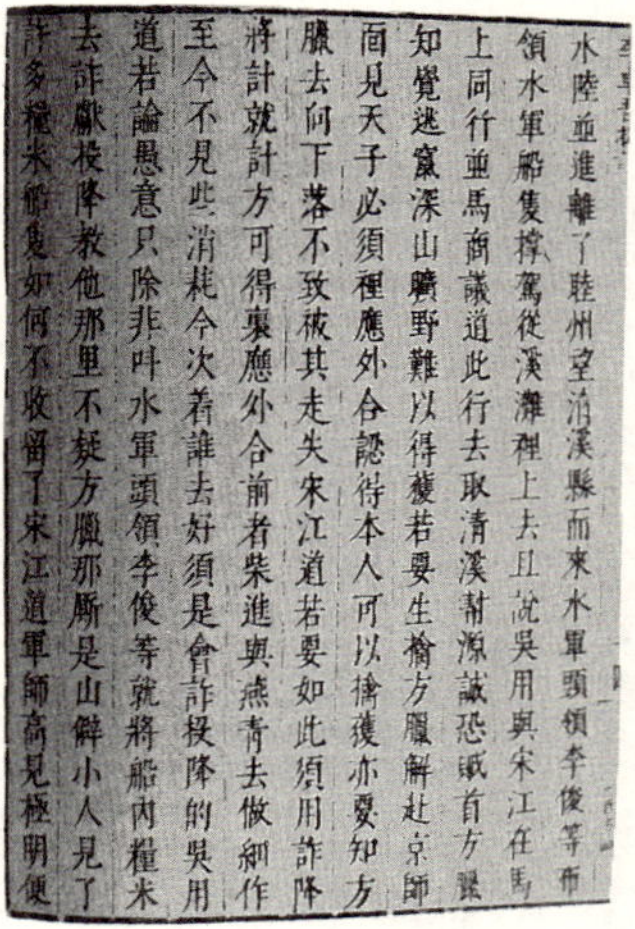
水陸並進離了睦州望清溪縣而來水軍頭領李俊等帶
領水軍船隻撑駕從溪灘裡上去且說吳用與宋江在馬
上同行並馬商議道此行去取清溪幇源誠恐賊首方臘
知覺逃竄深山曠野難以得獲若要生擒方臘解赴京師
面見天子必須裡應外合認得本人可以擒獲亦要知方
臘去向下落不致被其走失宋江道若要如此須用詐降
將計就計方可得裏應外合前者柴進與燕青去做細作
至今不見些消耗今次着誰去好須是會詐投降的吳用
道若論愚意只除非叫水軍頭領李俊等就將船内糧米
去詐獻投降教他那里不疑方臘那廝是山僻小人見了
許多糧米船隻如何不收留了宋江道軍師高見極明便

同右（北京図書館蔵）

もと吉川幸次郎教授所蔵本で、今、天理大学附属図書館に帰しているものである。ところが、この本は、内閣文庫所蔵本が手を加えた箇所に、それぞれ一字ずつはいっていて、本文について手を加えていないと思われる。日本にこの二種が存することが知られていたが、中国に存するこの「類」の本のうち、北京図書館所蔵本のうちの一つが、一九六六年、中華書局から『明容与堂刻水滸伝』として影印出版され、又、日本に存するのと別種の容与堂刻本の面影を見ることができるようになった。この本は、版心に毎葉「容与堂蔵板」の文字がある点では、内閣文庫所蔵本と同じであるが、本文そのものは、内閣文庫所蔵本のような修改がなく、天理図書館所蔵本と同じである。この三種のうちで、容与堂刻本の原本を考えるとすれば、この本とせねばならないであろう。

以上が、高島氏の書の要約であるが、ところで、北京図書館所蔵本が原本であれば、他の二種とどういう関係に立つであろうか。北京本から内閣本のように本文を刻り改めてから、天理本のようにするためには、刻り改めた箇所をもう一度埋め直して復原せねばならない。又、北京本から先に天理本の形にしてから、内閣本のようにするとしたら、いったん削り去った版心の「容与堂蔵板」を又加えねばならない。このように考えると、北京本から直接に両本が生まれたので、内閣本と天理本とは、親子でなく、兄弟と考えるべきもののように思われる。わたくしの想像によれば、北京本から、本文に手を加えて内閣本が同一版木で印刷され、そののち、その版木が何らかの事情——明末の王朝交代の戦乱を想定してよい——によって失われ、のこされた容与堂原本を版下にしてだれかが復刻したが、そのとき、幾分か残存していたもとの「容与堂蔵板」を版心に持つ版木を利用した、というようなことではないだろうか。

それでは、容与堂刻原本の本文をのちになぜ刻り改めたのであろうか。それは、おおむね、原本のままでは、意味の通りにくいところを、読み易くするため改めているように思われる。古いテキストは、原型を保存しているため貴重ではあるが、しかし、誤刻はつきもので、そのままでは読めなかったり、誤解を生ずるところがある。『水滸伝』の豪傑のうち、菜園子張青と没羽箭《ぼつうせん》張清は、容与堂刻本では、場所によってはどちらも「張青」と書かれて混乱しているが、金聖歎評本では、注意深く区別されている。古いテキストがよいといっても、そのまま信ずるわけにはいかないのである。

中国のエディションにもいろいろある。書名に冠した修飾が、宣伝であって、額面通りに受け取れないのと同時に、一見、同じエディションでも、仔細に検討すると、必ずしも一種でないこともある。要は、本文の精査が必要だということになる。

総集の性質

総集というのは、中国の目録学あるいは文献学といった方面の術語でありまして、個人の文集つまり別集ではない数人の作品を集めたものを申します。

総集にもいろいろなものがあり、われわれが普通に目録の基準にしている京都大学人文科学研究所の目録では、「文選」「各代」など十二に分類しています。ところが、このように分類しましてもすべてがきれいに分類されるものではありません。たとえば、唐の元結という人が自分の友人の詩を集めた『篋中集《きょうちゅう》』という総集を作りましたが、これは普通には「各代」の唐代の総集に分類されています。ところが、総集には「故旧」という、つまり自分の知り合いの詩を集めたものという分類がありまして、清朝人の作った友人の詩を集めたものですと、それは「故旧」の方へ入れられています。ですから元結の『篋中集』の場合は、どちらの方へ分類してもかまわないということなのです。ではなぜ「故旧」の方へ入れなかったのかと申しますと、どうも古い唐代の総集は少ないから増してやろうという程度の意味しかないのではないかと思われます。あるいは、『唐人選唐詩』という唐代の人が唐詩を選んだものがいくつかありまして、それをむかし汲古閣という所が『唐人選唐詩』という名前で八種類ほど出版しまして、その中に『篋中集』も収められていたという事情もあるかもしれません。いずれにしても総集の分類というものが、解釈の仕様によってはいろいろな分類ができ、決して固定したものではないのであります。

ですから、人文科学研究所の分類とは別のもう一つの分類というものがあります。ご存じのように清朝の乾隆《けんりゆう》帝が計画した一大叢書、それは現在『四庫全書』という名前で伝わっていますが、その分類の総集類というところを見ますと大きく二つに分けています。一つは「放佚《ほういつ》を網羅する」、ばらばらになっているものを全部集めてしまおうというような総集です。そしてもう一つの方は、「繁蕪《はんぶ》を刪汰《さんた》する」、ごたごたとたくさんあるものの中から、つまらないものは削りとってしまうという方法による総集であります。

第一類に所属するものとしては、明の馮惟訥《ふういとつ》の編集した『古詩紀』という総集があります。これは六朝以前の詩を全部集めようということで作ったものです。それから更に有名なものとしては、清朝・康熙《こうき》帝の『全唐詩』、あるいは、この名前は非常に長いのでありますが、清朝の厳可均の『全上古三代秦漢三国六朝文』といったもの、更に近代になりますと唐圭璋《とうけいしよう》という人——現在もお元気でございますが（一九九〇年十一月、なくなられたもの――が編集した『全宋詞』、あるいは元の散曲を集めた隋樹森《ずいじゅしん》の『全元散曲』、といったものがあります。このようにすべての作品を集めた『全――』と称されるものが、明清以来現代に至るまでいくつか作られたのであります。

これらができるだけたくさん集めようと非常に未選択に編集されているのに対して、「繁蕪を刪汰する」という方は、いろいろとたくさん材料のある中からある種のものだけを選択するというわけであります。こちらの方は非常に古くから行なわれていまして、総集と言った場合にはむしろこちらの方が普通であります。ところが選択する場合には、当然何らかの基準というものが設けられています。決して現代の世論調査を行なうときのような無作為なものではありません。たとえば『全唐詩』の一番から順に番号をつけて――これは人文科学研究所でつけておりますが――末尾が一のものばかり集めるといった方法ではなく、編集者が何らかの意味で選択基準を決めて選んでいくわけであります。この編集者の意図というのは、いろいろなものが考えられますが、だいたい詩なら詩を選ぶというときには、自分たちが詩を作る際にそれが模範となるようなものを選ぶであろうと考えられます。日本でも短歌とか俳句の選者をしている方は、だいたい実作者であって、また実作者でなければ選者として権威を持たないわけであります。まるっきり短歌ができないのにおれが選ぶと言ってもだれも相手にしてくれないでしょうし、短歌雑誌を出しましてもたいがいすぐつぶれてしまうだろうと思います。ところが日本でこのごろいろいろと中国の詩の選集で店舗に出ているものを見ますと、実作者ではない人が選んでいるように思われます。日本のことは別として、中国では編集者は実作者でなければならないという点は、かなりよく守られているようであります。

ところで唐詩なら唐詩を研究しようというときに、その全作品を見るのはたいへん手間がかかるので、ある選本でまにあわせて唐詩とはこんなものだというようなことをしがちです。先ほど申しました「放佚を網羅する」という型であれば、すべてが入っているわけですから非常に有効な研究資料であると言えますが、「繁蕪を刪汰する」という選集を材料としますと、結局ある時代の詩を読んでも、それは編者の目を通して見ているということになってしまいます。

たとえば『文選《もんぜん》』というものですが、これは日本でよく行なわれまして、清少納言の『枕草子』にも「書《ふみ》は文集《もんじゆう》・文選」というような言い方をし、『徒然草』で兼好法師も同じく「文は文選のあはれなる巻々、白氏文集」というような言い方をしているように非常に高く評価されていました。そしておそらくそれは『文選』というのは、中国古代の代表的な詩文を集めたものであるという認識がされており、いったいどういう基準で選ばれているのかという点に関しては、ほとんど反省されていなかったのではないかと思われます。

一方中国では、『文選』というのはある基準で選ばれたものであるという認識がありました。そのいちばんはっきりしますのが、清の阮元《げんげん》の「梁の昭明太子の文選の序の後に書す」という文章で、その中で阮元は次のように言っております。

昭明の選ぶ所、之れを名づけて文と曰《い》うは、蓋《けだ》し必ず文にして後選びしなり。文に非ずんば則ち選ばざるなり。経《けい》や、子や、史や、皆専ら之れを名づけて文と為《な》すべからず。故に昭明文選の序、後三段、特に其の選ばざるの故を明らかにす。必ず沈思翰藻《かんそう》にして、始めて之れを名づけて文と為し、始めて以て選に入るなり。

つまり『文選』というのは何でもかんでも選んだのではなく、経・子・史（中国では、書物を経・史・子・集という四つに分類しております）の文章は〝文〟とは違うのだと、だから『文選』には入れておらず、「沈思翰藻」という言葉で〝文〟というものを規定しているのだということであります。

こうした選択基準に関しては、蕭統《しょうとう》（昭明太子の本名）自身が「文選の序」の中で詳しく申しておりますので、以下それを少し見てゆきたいと思います。

夫の姫《き》公の籍、孔父《こうほ》の書の若《ごと》きは、日月と倶《とも》に懸かり、鬼神と奥《おう》を争い、孝敬の准式、人倫の師友なり。豈《あに》重ねて以て芟夷《さんい》し、之れに剪截《せんせつ》を加うべけんや。

これは経についてであります。「姫公の籍」といいますのは、周の国が姫姓ですから

「周公の書」ということです。それから「孔父」というのは、ご存じのように孔子のことです。つまり経書をさすわけですが、これは非常に貴重なものであり、決してそれ以上削ったりはできないので『文選』にも収めないということです。

老荘の作、管孟の流、蓋《けだ》し意を立つるを以て宗と為し、能《よ》く文なるを以て本と為さず。今の撰《つく》る所は、又以て諸《こ》れを略す。

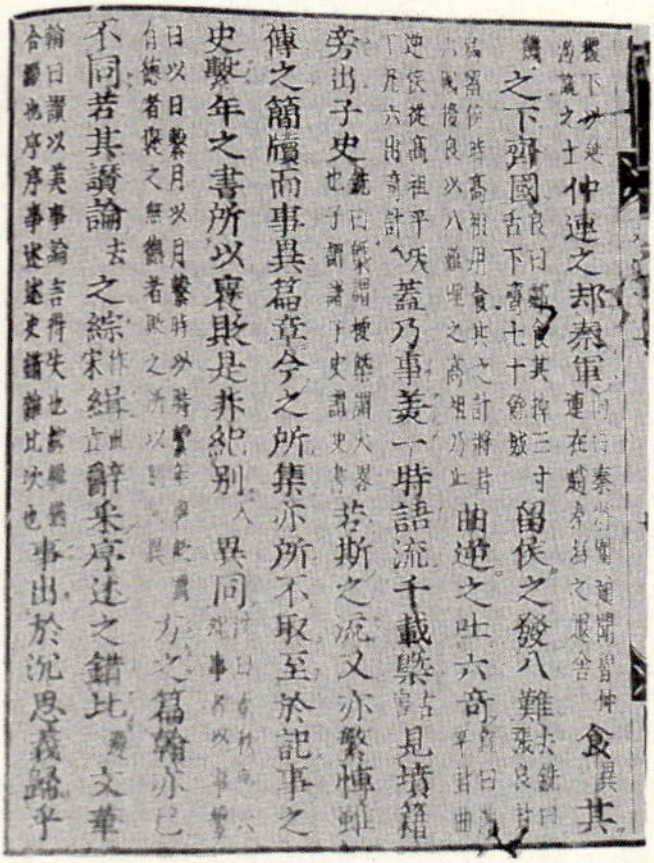
稷下 仲連之却秦軍 食其
之下齊國 留侯之發八難
曲逆之吐六奇
蓋乃事美一時 語流千載 槩見墳籍
旁出子史 若斯之流 又亦繁博 雖
傳之簡牘 而事異篇章 今之所集 亦所不取 至於記事之
史 繫年之書 所以褒貶是非 紀別異同
方之篇翰 亦已
不同 若其讚論之綜緝辭采 序述之錯比文華
事出於沈思 義歸乎

『文選』木活字本

『老子』『荘子』『管子』『孟子』といったような「子」にあたるものについても、これらは哲学的意見を述べるのが中心であって、文章の上手下手ということは基準にしていないので『文選』には収めないということです。

賢人の美辞、忠臣の抗直、謀夫の話、辨士の端《たん》、冰のごとく釋《と》け泉のごとく涌《わ》き、金《きん》の相《しつ》にして玉の振《こえ》、所謂狙丘《そきゅう》に坐し、稷下《しょくか》に議し、（魯）仲連の秦軍を却《しりぞ》け、（酈《れき》）食《い》其《き》の斉国を下し、留侯（張良）の八難を発し、曲逆《きょくげき》（陳平）の六奇を吐くが若きは、蓋し乃《すなわ》ち事は一時に美にして、語は千載に流《つた》わり、概《おおむ》ね墳籍に見え、旁《かたわ》ら子史に出《い》づ。斯《か》くの若きの流、又亦繁博、之れを簡牘《かんとく》に伝うと雖《いえど》も、事は篇章に異なり。今の集むる所、亦取らざる所なり。

これは、歴史関係の話です。「墳籍」「子史」ということばが見えますが、これはだいたい歴史の本でありまして、こういうものも実にたくさんあるけれど、それらは歴史記録として残されているのであって、「事異篇章」つまり文学とは違うのだから収録しないということです。

ただ歴史に関しては、このあとに少し続きがありまして、そこに「沈思翰藻」という言葉が出てまいります。

其の讃・論の辞采を綜緝《そうしゅう》し、序・述の此の文華を錯《まじ》うる若きは、事は沈思に出で、義は翰藻に帰《き》す。故に夫の篇什と、雑《まじ》えて之れを集む。

つまり歴史の書の中でもいちばん最後についている「述」とか「讃論」(「論讃」ということが多いのですが)と呼ばれる評論や、あるいは短い「序」といったものは、阮元も述べた「沈思翰藻」、事がらがよく考えられたうえで出たものであるし、最終的には文学的なものとも言えるだろうから、こうしたものは収録するというわけです。

この文章に基づいて阮元は「経史子はのせず、『沈思翰藻』と呼ばれるものだけを入れたのだ」と言い、これ以後『文選』では「沈思翰藻」が詩文であると規定しているということになってしまいます。

しかし「文選の序」では、あくまで「讃論」や「序述」についてのみ言っているだけで、それがいつしか一般的に拡大されて『文選』全体の選択基準であるということになったわけです。

『文選』と同じころ、蕭統の弟である蕭綱《しょうこう》（のちの簡文帝）が自分の文学的な顧問官（侍従の臣なのですが）である徐陵に命じて、『玉台新詠』という本を編纂させました。これは「艶体の詩」といわれるようなものを多く集めたもので、『文選』に対抗するものだとよく言われます。また両者（『文選』と『玉台新詠』）は全く違う選択基準で作られた、つまり当時はいろいろな編集方針があって、一方の方針によって『玉台新詠』が、また一方のそうした「艶体な詩」というものを拒否した形で、『文選』が作られたのだと考えられています。もちろんある部分重なるところもありますが、それは非常に少なく、当時の文学を見る場合、『文選』だけを見ればそれで分かるというものでもないし、逆に『玉台新詠』だけを見ると、当時は艶体な詩ばかりだということになるのですが、そうでもないということになるのです。

これは唐詩についても同じことで、日本で非常によく読まれた『唐詩選』というものがありますが、それが唐詩のすべてを代表しているかと言いますと、そうはいかないわけです。『唐詩選』の編集者は、李攀龍《りはんりょう》だということになっていますし、彼の別集である『滄《そう》溟《めい》先生集』にも「選唐詩の序」というものが載っていますので、彼が『唐詩選』というか何らかの選唐詩を作ろうとしていたのは確かだろうと思います。しかし現在の『唐詩選』というのは、(これは日本で出ておりますものの解説を読んでいただければたいてい書いてありますが)李攀龍の選んだものではないとされています。ただし李攀龍の『古今詩刪』という本が、だいたい現在の『唐詩選』と重なるので、両者の考え方もそう違っていないと考えてもよいわけです。李攀龍という人は、唐以降の詩は全然問題にもせず、詩は必ず盛唐であるという人ですから、「選唐詩の序」でも「後の君子、乃ち茲《こ》の集《しゅう》以て唐詩を尽くして、而して唐詩は此こに尽く」というように、のちの人たちよ、この『唐詩選』で唐詩は全部を知ることができ、又、唐詩はこれで全部だと宣伝しています。これだけ読むと

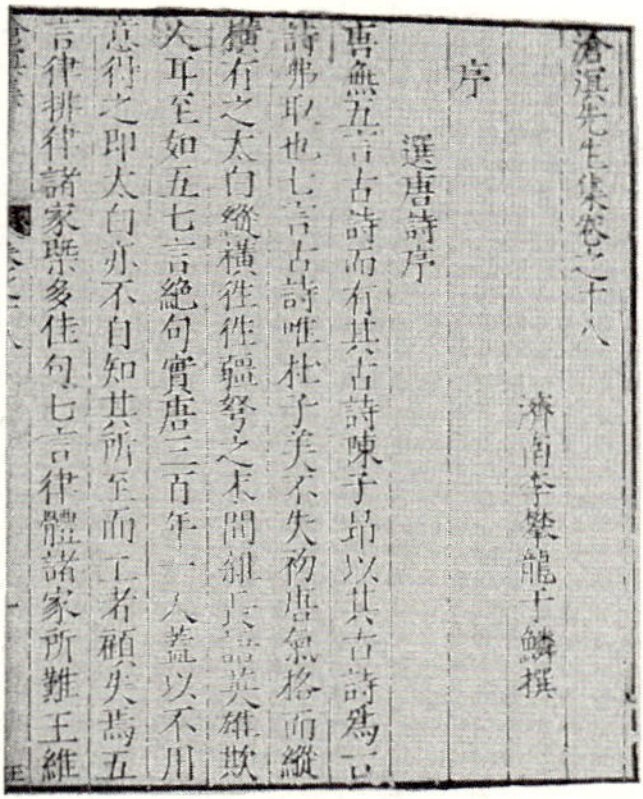
滄溟先生集卷之十八
濟南李攀龍于鱗撰
序
選唐詩序
唐無五言古詩而有其古詩陳子昂以其古詩爲古
詩弗取也七言古詩唯杜子美不失初唐氣格而縱
橫有之太白縱橫往往彊弩之末間雜長語英雄欺
人耳至如五七言絶句實唐三百年一人蓋以不用
意得之即太白亦不自知其所至而工者顧失焉五
言律排律諸家槩多佳句七言律體諸家所難王維

李攀龍「唐詩選の序」

いかにも唐詩の大事なものはすべて入っていることになりますが、実際にその収録されているものを見ますと、先ほど日本で尊重されたと申しました『白氏文集』の著者である白居易の詩は一首も入っていません。白楽天の詩が一首も入っていないで「唐詩は此こに尽く」と言われると、ちょっとぎょっとします。それから白居易と同時代の文章家としても有名な韓愈《かんゆ》にしても、ただ一首だけが入っているだけです。しかも韓愈が特徴的なのは古詩なのですが、『唐詩選』に入っているのは七言律詩です。これは『唐詩選』だけでなく、『古今詩刪』を見ても同じことで、とうてい唐詩のすべてを尽くしたとは言いがたいものであります。

この明の李攀龍からしばらくあとに王士《おうし》禛《しん》という人が『唐賢三昧集』というものを作りました。この人は「神韻」というものを非常に尚《たっと》んで、ある意味では日本的なのかもしれませんが、つまり「陰影」というようなものを非常に礼讃しました。その序文を見ますと、南宋の厳羽の『滄浪詩話』の「詩というのは非常につかみにくいもので、そこに意味があるのだ」(「盛唐の諸人、唯だ興趣に在るのみ。羚羊《れいよう》、角《つの》を挂《か》けて、跡の求むべき無し。透徹玲瓏《れいろう》、湊泊《そうはく》すべからざること、空中の音、相中の色、水中の月、鏡中の象の如し」)とか、唐の司空図の「詩の味は、すっぱいとか鹹《から》いとかの味の外にあるのだ」(「妙は酸鹹《さんかん》の外に在り」)という言葉を引いています。つまり表面に現われている現象だけではなく、余韻といったものを尚《とうと》んで『唐賢三昧集』を作ったということです。また、「日に開元天宝の諸公の篇什を取って之れを読めば、二家の言に于《お》いて、別に会心有り」とか、「張《ちょう》曲江《きょくこう》（九齢《きゅうれい》）は盛唐の始めを開き、韋《い》蘇州（応物《おうぶつ》）は盛唐の終わりを殿《でん》す」とか書かれています。つまり開元、天宝の諸公だけ、玄宗の時代の盛唐の詩人だけを集めたということです。ですからやはり白居易や韓愈は全く疎外されています。

このようにいろいろ欠けているところが多いというので、清朝に入って沈徳潜《しんとくせん》という人が『唐詩別裁集』というものを作りました。彼はたいへん長生きした人で、九十六歳まで生きましたが、わりに極端を嫌うところがあって、なるべく公平にしようとしたようです。「唐詩別裁集の序」にも、まず明人の詩の選び方がはなはだ不適当だと書き、さらに「顧りみるに有明《ゆうみん》より以来、古人の詩を選ぶ者、意見おのおの殊なり。嘉（靖）・隆（慶）より後、復古を主とする者は、方隅に拘《こだわ》り、標新を主とする者は、而《なんじ》の先矩に偭《そむ》き、入りては主とし出でては奴とし、二百年間、迄《つい》に定論無し」と書いています。つまり皆それぞれ意見が違って、復古を主張する者――おそらく李攀龍なんかだろうと思いますが――は非常にこだわったところに片寄ってしまう。また新しさを主張する者は、過去の基準にそむいてしまって、自分の意見に合致するものに対しては主人に対するかのように従うけれど、意見の合わない者に対しては奴隷のように問題にしない。明から以後二百年間というものは、何が定論なのかまったく分からなくなってしまったが、そういう片寄ったままではいけないと主張しているのです。

こうして康熙五十六年（一七一七）に、まず『唐詩別裁集』の最初のものを作り、四十六年後の乾隆二十八年（一七六三）には重訂本を作っています。その重訂本の方の序を見ますと次のように書いてあります。

唐賢三昧集、司空《しくう》表聖（図《と》）の、一字を著《つ》けずして、尽《ことごと》く風流を得、厳《げん》滄浪（羽《う》）の羚羊角《つの》を挂《か》けて、迹の求むべき無しの意を取る、蓋《けだ》し味は塩酸の外に在ればなり。而れども杜《と》少陵（甫《ほ》）の云う所の鯨魚碧海、韓昌黎（愈）の云う所の巨刃天《てん》を摩する者に於いては、或いは未だ之れに及ばず。

つまり『唐賢三昧集』では、何も表わさなくともその風流の気持ちは全部わかるといったような詩ばかりを集めて、杜甫や韓愈の壮大といいますか怪奇といいますか、そうした種類の詩は取り上げていないが、自分は取り上げるというわけです。確かに『唐詩別裁集』には、明の選本や『唐賢三昧集』に比べると、わりにいろいろな唐詩の部門を取り上げているのですが、それでも「任華《じんか》・盧仝《ろどう》の粗野なる、和凝《わぎよう》・香奩《こうれん》詩の褻嫚《せつまん》なると、夫《か》の一切の生梗僻澁《せいこうへきじゆう》及び媚《び》を貢《たてまつ》り諛《ゆ》を献ずるの辞との如きは、概ね排斥す」というように、艶体の詩などは省いております。

さらに最近、中国社会科学院文学研究所というところが『唐詩選』を出しました。この本の選択の基準ははっきりしていまして、なるべく全面的に紹介することに努めたが、一つは政治的基準、一つは藝術的基準の二点を用いたというようなことが書いてあります。これは、韓愈や白居易をすべてはずすというようなことではありませんが、それでも片寄りはあるということです。たとえば、一九七八年に発表された「毛主席が陳毅同志に与えて、詩を論ずる」という書簡の中に、韓愈の詩が三つばかり引用されているのですが、そのうちの一つは、中国社会科学院の『唐詩選』の中にも入っていまして、他の二つは入っていません。ということは、序には毛主席の考えに従ったと書いてあるのですが、どうも毛主席の見方と社会科学院の見方とは違うようで、毛主席の方が藝術的基準が高く、社会科学院の方は政治的基準でばかり選んだような、非常に皮肉なところがあります。結局現代に至っても、このような片寄りというか、編者の眼というものがあるということです。

日本文学の場合には、『古今集』とか『新古今集』というものが非常に研究されて、よくその時代の歌というものが論じられていますが、われわれは専門家ではないのでこのごろはどうか知りませんけれど、何か「古今時代」とか「新古今時代」とかいう言い方をして、『古今集』や『新古今集』でその時代を代表させるということが行なわれているようです。これらは勅撰集といって何人かの合議制で選ぶのですから、公平と言えば公平かもしれませんが、それでもある程度の偏向はあるように思われます。たとえば、これも国文の専門家ではありませんので反論が出るかもしれませんが、源実朝という人は藤原定家に詩を直してもらったのですけれど、定家の参加した『新古今集』にはひとつも入っていません。「新古今時代」というようなことが言われるけれど、一方では実朝のような歌を作った人があったわけでして、それは『新古今集』だけでは欠落してしまうことになります。

中国の方で李攀龍『唐詩選』だけを読んでいると、たとえば韓愈は一首、白居易は零、李賀も零、李商隠は三首です。ここに挙げましたのは、実は岩波の『詩人選集』には全部一冊ずつある詩人なのですが、『唐詩選』だけを読んでいると、こうした詩人にはほとんど接触しないことになります。ですからある時代の詩を見る場合、総集を見るというのは概略をつかむことにはなりますが、常に編者の偏向があるのだということを頭に置いておかなければならないと思います。

ですから、ある時代の文学を研究するには、読むときには、総集よりは別集をひとつひとつ読んでいく方がよくわかるのではないでしょうか。確かに時間はかかりますが、個人の文集をひとつひとつ読んでいきますと、それまで総集で得たのとは全然違う面にぶつかったり、今までの知識にはなかったような新しい面にぶつかるという、文学の上での発見ができるのではないかという気がします。

総集というものには、偏向というような危険が常にあるということを、多少『唐詩選』の悪口になりましたが、『唐詩選』を読むだけでは危ないのだということを感じましたので、ある意味では中国の常識なのですが、たまには常識を話すことによって何らかの反省を得られたならば非常にありがたいと思いまして、この席をかりてお話しさせていただきました。

補訂　『新古今和歌集』と源実朝との関係は、講演でいったような簡単なことでないことを、のち、知った。『新古今和歌集』の第一次の成立は、元久二年（一二〇五）三月で、その九月、数え年十四歳の実朝は、京都からそのテキストを入手している。しかし、『新古今和歌集』は、その後も切り継ぎが行なわれ、承元四年（一二一〇）以後まで修正されて現行流布本になったといい、さらに後鳥羽院は、承久三年（一二二一）の隠岐遷幸以後も、手を加えられて、隠岐本ができている。実朝は、建保七年（四月改元して承久元年、一二一九）正月、数え年二十八歳で、公暁に暗殺されているから、『新古今和歌集』の修正過程で彼の作品が入集する可能性がなかったとはいえないが、第一次本以後に、その作を入れることは、実際上、むずかしかったであろう。『新古今和歌集』に続いて、藤原定家が後堀河天皇の勅を奉じひとりで選者となって編した『新勅撰和歌集』（文暦二年、一二三五成立）には実朝の歌二十五首（斎藤茂吉、岩波文庫本『金槐和歌集』解説による。『日本文学大辞典』新潮社、「新勅撰和歌集」の項では十九首）が入集している。

（本稿は、一九八三年七月五日、大谷大学文藝学会における講演の筆録に加筆したものである）

唐代詩人の伝記資料

『唐代の詩人』（東京、大修館書店、一九七五）に載せられている小川環樹教授の「序説」によれば、伝記資料として、一、正史、二、墓誌銘、三、随筆・雑記、四、詩人の作品の四種が挙げられている。ここも、ほぼ、その分類に近く、それをいくらか拡大するかたちで、順を追うて説明して行きたい。そこで、一、正史およびその他の伝記集。二、墓誌銘およびその他の文学的散文。なお、ここに附帯して、詩人の作品、すなわち詩文集のことも述べる。三、随筆・雑記。以上の三つのほか、伝記研究のための参考書を、その四、として加えることにする。

一　正史その他の伝記集

中国では、各朝代に公認された歴史として、正史が存在する。ところで、唐代を記録した正史は、『唐書』と呼ばれ、二種類が公認されている。すなわち、『旧唐書《くとうじょ》』と『新唐書』である。どちらも、正式の名は、『唐書』であって、新・旧は、編纂の時期の早いおそいによって、この二種を区別するためにつけた呼び名にすぎない。

1 『旧唐書』

中国では、一王朝が滅亡すると、つぎの王朝が、前王朝の正史を編纂するのが例である。『旧唐書』は、唐王朝の滅亡につづく小王朝の興廃が目まぐるしかった五代の後晋の開運二年（九四五）六月に完成して、朝廷に献上されたものである。劉昫《りゅうく》が編集したようになっているが、かれは献上のときの監督官であったので、その名が署せられているまでであって、実際のしごとは、趙瑩《ちょうえい》・張昭遠・賈緯《かい》・趙熙《ちょうき》等が行なった。本紀二十巻・志三十巻・列伝一百五十巻、あわせて二百巻。

この書は、戦乱の時代に、草草に作られたので、全体としてのまとまりを欠くが、使用した資料は、唐王朝の官庁に保存せられていたものを多く使用していて、信憑性が高いとされる。特に、高祖から代宗までの本紀・列伝は、唐王朝が整備保存した国史を使用して、よく整っている。唐末になると、資料が不備で、時には、裁判用書類をそのまま引用したようなところさえある。しかし、それだけに、資料が原形をよくとどめ、信頼度が高い一方、正史としての形を成さないことになる。

文学者の伝記としては、「文苑伝」が列伝巻第一四〇（通巻一九〇）にあり、それは、さらに上中下の三子巻に分かれている。ただし、「文苑伝」に収められるのは、文学者としてよりほかに、伝えるべきことがない人についてであって、もし、政治家としても、相当にすぐれているなら、かれ自身の本伝があるのが常である。だから、李白・杜甫は、「文苑伝」中にあるが、吏部侍郎となった韓愈《かんゆ》は、列伝巻第一一〇（通巻一六〇）に収められ、かれと関連して、張籍・孟郊・劉禹錫《りゅううしゃく》・柳宗元等も同巻に伝がある。又、同中書門下平《べん》章事《しょうじ》になった元稹《げんじん》と礼部尚書になった白居易も、いっしょに列伝巻第一一六（通巻一六六）に収められて、「文苑伝」中の人ではない。

2 『新唐書』

以上のように、『旧唐書』は、五代戦乱の時期に草卒に編集されたので、史書として不備のところが少なくない。そこで、北宋の仁宗皇帝の勅命により、曾公亮《そうこうりょう》が監修し、欧陽修と宋祁《そうき》が著作の任に当たり、十七年をかけて編纂されたのが、『旧唐書』と区別して『新唐書』といわれる唐の歴史で、ただ『唐書』といえば、こちらをさすのがふつうである。のち、『史記』から『五代史』までの正史をまとめて十七史としたときも、それに宋・遼・金・元を加えて二十一史というときも、唐の歴史としてはこの『新唐書』がはいっている。

この書は、正史としてはめずらしく、責任分担がはっきりしていて、二人の著者のうち、欧陽修が本紀十巻・志五十巻・表十五巻、宋祁が列伝一百五十巻をそれぞれ受け持ち、全部で二百二十五巻が、嘉祐五年（一〇六〇）六月、曾公亮の上表とともに、仁宗皇帝に上呈された。

曾公亮の上表に、「其の事は則ち前よりも増し、其の文は則ち旧よりも省く」とあるように、『旧唐書』よりも事実は多く載せ、文章を簡潔にするのにつとめた。それだけに、文章が事実を載せきれぬうらみがないではなく、事件の委曲を知るには『旧唐書』の方がすぐれていることがある。又、文体を、古文に統一して、駢文《べんぶん》の資料を書き改めたりしているので、全体の文体的統一は成しとげられたが、史料保存の点では『旧唐書』に及ばない。時には、書き改められた文が晦渋であって、『旧唐書』の原史料との対比で、その真意がはじめてわかるときさえある。しかし、大体としては、唐の歴史として、『旧唐書』より要領よくまとめられているといえる。

文学者の伝記は、列伝巻第一二六から第一二八まで（通巻二〇一―二〇三）が、「文藝伝」上中下となっているが、文学者のすべてを尽くすわけでなく、韓愈・白居易らが別にそれぞれ伝を立てられていることは、『旧唐書』と同じである。

ところで、これらの正史は、唐王朝でなく、つぎの後晋なり宋なりで作られているので、同じ王朝で作る歴史よりは、政治的偏向が少ないはずであるけれども、その史料は、前王朝によって作られていた官庁資料が主となるので、どうしてもその王朝の主流派を中心とした書きかたにならざるを得ない。そして、つぎの王朝も、階級的革命によって成立したものでないから、いくらかの変化はあっても、大体は、同じ統治階級的観点に立つ。又、党派の争いも、勝てば官軍であって、敗北者のがわに立つ資料はしばしば抹殺される。だから、農民起義は、賊と称されるし、唐代で具体的にいえば、柳宗元らの政治改革運動は、小人等《しょうじん》のあつまりと表現される。従って、正史にしても、それが真実を語っているともかぎらないし、特に価値判断を含むことばは注意されねばならない。といって、史料としては、ほかにそれほどあるわけでないので、まず基礎としては正史を用いるほかはない。陳寅恪《ちんいんかく》『唐代政治史述論稿』（北京、一九五六）のように、正史を主たる史料としても、見方によっては、そのうらにひそむ真実をかいま見ることができるのである。

ここで、個人の伝記以外の、正史に収められていて、文学者の伝記研究に有用な部分にもふれておきたい。

その一つは、書籍目録である。これは、前漢の歴史である『漢書』に藝文志《げいもんし》として収められて以来、正史にしばしば収められた。唐の正史では、『旧唐書』巻四六・四七が経籍志上下であり、『新唐書』巻五七から巻六〇までが藝文志一—四である。ただし、この正史の書籍目録は、朝廷所在の図書目録を利用することが多く、その朝代に存在した図書を網羅したものではない。たとえば、『旧唐書』経籍志は、開元九年（七二一）玄宗皇帝の時代、宮中の図書の総目録『群書四部録』二百巻の簡略本、毋煚《かんけい》の『古今書録』四十巻をそのまま用いたもので、「天宝（開元のつぎの年号）已後《いご》、名公各《おの》おの文章を著わし、儒者多く撰述有り。……臣、後出の書は、開元四部の外に在るを以て、其の本部に雑《まじ》うるを欲せず。今聞く所に拠って、撰人等の伝に附す。其の諸公の文集も、亦本伝に見ゆ」とことわっている。つまり、『旧唐書』経籍志は、開元の朝廷に存在した書物の目録であって、そのときに現実に存在していた書物を確認できる点では、価値は高いが、それ以後の書を収めていないため、唐代全体の書籍目録とはいえないのである。『新唐書』藝文志は、その点では、唐末までの著述を収めており、唐一代の書籍目録とはいえるが、唐末に存在した書物をすべてたしかめて作ったわけではないので、又、逆にその書の存亡については、あきらかでなく、唐代のある時期には存在した書物の目録ということになるであろう。欧陽修は、宋の帝室図書館の目録『崇文総目』の編纂に従事し、その「叙釈」を自己の『文集』巻一二四にあてているが、『崇文総目』と『新唐書』藝文志とは、分類からして異なっていて、別の基準によって、両書を作ったというほかない。

もう一つは、『新唐書』巻七一から七五まで、五巻を占める宰相世系表である。これは、宰相を出した家がらの系図であって、現在、唐代以前の系図は、ほかにほとんど存しないため、はなはだ貴重であって、親族関係については、伝記に書かれていない部分をも知り得る。又、その人が宰相でなくても、一族中から、一人でも宰相が出ておれば、その家の系図があるから、家系を知ることができる。たとえば、柳宗元は、高祖父の従兄柳奭《りゅうせき》が、高宗皇帝の宰相であったため、その名が、柳奭の家の系図の中に見える。そして、いかなる人物が、どこに載せられているかを簡単に調べられるよう、ハーバード・燕京研究所で『引得』Index が作られている。(後述『新旧唐書人名索引』『唐五代人物伝記資料綜合索引』でも検索できる。)

それから、更に、地理を知るための「地理志」がある。『旧唐書』では、巻三八から巻四一まで四巻、『新唐書』では、巻三七から巻四三まで七巻を占める。それぞれ行政区画にしたがって、県名まであげられており、詩人の出身地をたしかめるのに、まず見るべき資料である。京都大学人文科学研究所で出した平岡武夫・市原亨吉編『唐代の行政地理』は、その索引が主要部分をなす。

ここで、正史を読むときの主な参考書をあげておく。ふつう清の銭大昕《せんだいきん》『廿二史考異』

一百巻、趙翼『廿二史劄記《さつき》』三十六巻補遺一巻、王鳴盛『十七史商榷』一百巻の三書が、もっともよいとされるが、銭氏の著述とあとの二書とは性格がちがう。銭氏の書は、正史の一字一句の吟味であるが、趙・王二氏の書は、むしろ歴史事象の把握のしかたを論ずる。時代を概観するには、趙・王二氏の書がよく、テキスト・クリティークのためには、銭氏の書が必要である。

『新唐書』は、いわば『旧唐書』の批判の上に成立した史書であるが、『新唐書』そのものも、できあがって間もなく、他から批判されることになった。すなわち、紹聖元年（一〇九四）、『新唐書』完成後三十数年にして朝廷に上進された呉縝《ごしん》の『新唐書糾謬《きゆうびゆう》』二十巻がそれである。この書は、「無を以て有と為す」以下二十のあやまりに分類して、具体的にその箇所を指摘しており、参考すべき書物である。いま、上海商務印書館刊行の『四部叢刊』三編（台湾版続編）に収められて、容易に見られるようになった。

『旧唐書』『新唐書』は、正史として、いわゆる二十四史の中に収められているので、テキストは手にはいりやすい。二十四史のテキストは、いろいろ出版されているが、民国十九年（一九三〇）から二十六年（一九三七）にかけて商務印書館で出された百衲本《ひやくのう》が、古いテキストを影印（写真印刷）しており、いちばんよいとされる。『旧唐書』は、宋版を用い、欠けた部分を明版で補っており、『新唐書』は、二種の宋版で相補っている。さいしょは、線装本（和装本）で出たが、戦後は洋装本で縮印したテキストが出され、分売もされて入手しやすくなった。

そのほかで、もっとも流布しているのは、清の乾隆《けんりゅう》皇帝のときに宮廷で出版されたいわゆる殿版二十四史である。原刻はめずらしいが、これを覆刻したものは非常に多い。この書には、乾隆の刊行のとき、儒臣によって、考証が附されていて、それは、テキスト中の文字や事実の異同についてである。なお、『新唐書』には、宋の董衡《とうこう》の著わした『釈音』二十五巻が附録されている。殿版は、文字がそろっていて読みやすいので、最近洋装本で出されたものも少なくない。

その他のテキストでは、明末清初、汲古閣の十七史として出されたものが多く流布するが、これは、『新唐書』だけが収められる。

最近、中国で句読をつけた標点本『二十四史』（北京、中華書局）のなかで、『旧唐書』『新唐書』（一九七五）が出されて読み易くなり、又、そのテキストによって、両唐書を一つにまとめた『新旧唐書人名索引』（上海、上海古籍出版社、一九八六）が出されて検索が非常に便利となった。

わが国では、寛延元年（一七四八）に、広島藩儒堀正脩の校訂によって『新唐書』が刊行された。明の北京国子監（国立大学）刊本にもとづいていて、董衡『釈音』も附せられている。最近、東京で縮印した本が出された（汲古書院刊和刻本正史）。

3 『唐才子伝』

以上、正史とその参考書について述べたが、つぎに、伝記を集録したものをあげる。ただし、これは、厳密に歴史書として分類されるものだけでなく、詩文の選集もしくは全集、つまり総集としてあつめられたものに附された小伝も含める。

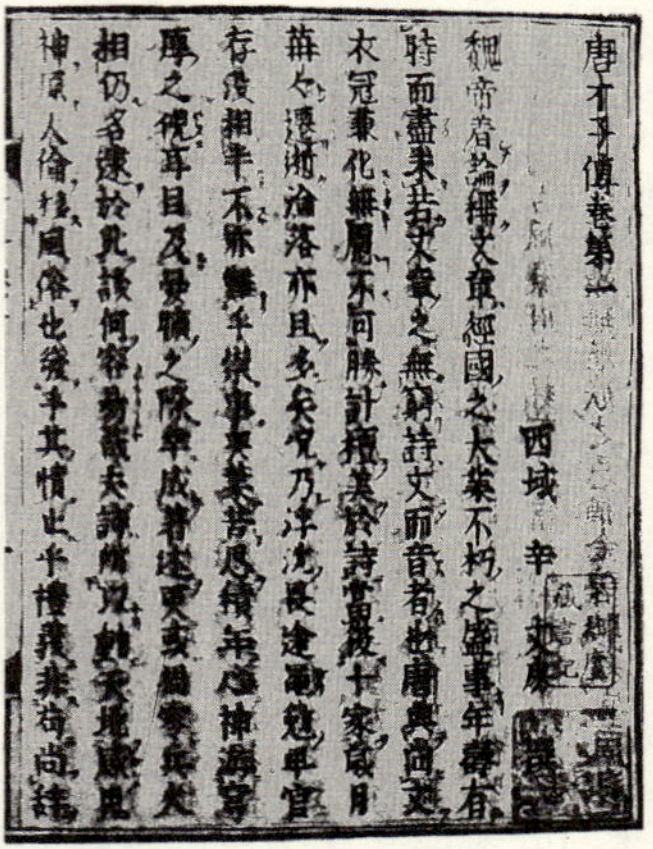

『唐才子伝』正保四年版

その第一は、『唐才子伝』十巻である。この書は、唐代の文学者だけを専門にあつめた伝記集であって、二百七十八人の伝記が収められ、そのほか、百二十人の伝記が関係する文学者に附録されている。著者は、元の辛文房で、大徳八年（一三〇四）の序を冠する。正史にも見えない小詩人の伝記もあるが、元代にできたものだけに、基本資料といえず、あやまりもないではない。けれども、元ごろにはなお存していて、現在は佚亡《いつぼう》してしまった資料も使用されていて、後世の編集といって無視できないし、簡単に手ぎわよくまとめられていて、詩人の伝記のあらましを知るには適当である。

この書は、中国では明代に亡び、清の乾隆時代にできた『四庫全書』に収められた八巻本は、明初の大百科事典『永楽大典』から抜き出して編集したものである。ところが、日本にはもとの完全な本が伝わって、室町時代覆刻の五山版もあるが、享和二年（一八〇二）、江戸で林大学頭衡（述斎）が『佚存叢書』の一種として刊行し、中国に再び伝えられて、名を知られるようになった。清朝においても、『粤雅堂《えつがどう》叢書』など、叢書中の一つとして刊行されたが、最近、活字で句読点を施した本も出版された（北京中華書局刊、一九五七）。

この書のもとづいた資料の調査が、布目潮渢《ぬのめちょうふう》教授によって行なわれ、「唐才子伝注」として雑誌に発表されていたが、一九七二年、中村喬《たかし》氏と共著で、日本語訳文をつけて、『唐才子伝之研究』として出版された。又、五山版も影印本（汲古書院刊）ができている。更に、中国では極めて詳細な注釈である傅《ふ》璇琮《せんそう》主編『唐才子伝校箋』（全四冊、北京、一九八七—九〇）が出され、これらによって『唐才子伝』の利用が、非常に容易になった。

4 『唐詩紀事』

この書は、唐代の詩人について、その詩および詩にまつわる話を主として収め、ごく簡単な伝記を加えたもので、ふつうは、詩文評類に分類される。しかし、前述の『唐才子伝』が、布目教授の考証によってあきらかなように、多くこの書にもとづいており、伝記資料として価値を低く見ることはできない。宋の計有功の撰で、八十一巻、一千百五十家ばかりの人があげられている。著者が宋人であるだけに、現在では、ほかに見られない資料があって、この書によってしか、伝記を知り得ない人もある。

商務印書館の『四部叢刊』に、明嘉靖刊本が影印されたが、一九六五年に、上海で活字で句読を施した本が出ている（中華書局刊）。詩人がどの巻のどこに収められているか、検索するため、ハーバード・燕京研究所で、『引得《インデクス》』が出されたが、上述の上海版は、巻末に索引をつけていて、必ずしも『引得』を別に備えなくてもよくなった。

5 『全唐詩』小伝

唐の詩人とその詩は数多いが、清の康熙《こうき》帝の勅撰に成る『全唐詩』九百巻はそのほとんどすべてを網羅する。『全唐詩』は、明末清初の文学者銭謙益が計画し、季振宜がうけついで、その稿本が作られたのを、のち、清の朝廷で、明の胡震亨《こしんこう》の『唐音統籤《とういんとうせん》』とあわせ校し、改訂して作りあげたもので、康熙帝の序文によれば、詩四万八千九百余首、およそ二千二百余人を収める、という。なお、銭謙益の『全唐詩』稿本は、台湾に現存し、『唐音統籤』の刊行された一部分は、わが国にも渡来して珍蔵されている。

この『全唐詩』の各作者の詩のはじめに、短い伝記が書かれていて、これを小伝という。おおむね簡単であるが、小詩人にも、できるだけ、その経歴をあきらかにしようとつとめている。

『全唐詩』は、すべての唐詩を集めたといっても、やはり、もれ落ちるものがあり、市河寛斎（一七四九―一八二〇）が、わが国のみに伝わる資料を用いて、脱漏した詩をひろい、『全唐詩逸』三巻を編した。最近、覆印された『全唐詩』の中には、『詩逸』を附録にするものがある。

『全唐詩』は、なにぶん大部のものであるので、ある詩人をさがし求めるのに、てまどることがある。その点、一九六〇年、北京で出た活字本は、巻末に人名索引をつけていて便利である。なお、『全唐詩』の原刊揚州詩局本は、巻数を標記せず、第〇函第〇冊というだけであったが、光緒十三年（一八八七）上海同文書局石印本は、三十二冊に装訂を改め、一冊を一巻として三十二巻とした。さらに、一九六〇年の北京活字本は、全九百巻に通巻の巻数を標記している。

京都大学人文科学研究所で編集された『唐代の詩人』は、『全唐詩』中の詩人の索引であるとともに、関係資料をあげたものであり、同じく『唐代の詩篇』二冊は、『全唐詩』

の詩の出所、たとえば個人の別集とか、どのような選集に出ているか、を示したものであって、原資料をさがし求めるのにもっとも有用である。

このほか、唐代の人が、同じ唐代の詩（同時代とはかぎらないが）を選んだ詞華集が十種現存し、うち四種が『四部叢刊』に収められているほか、『唐人選唐詩』十種として、最近活字印刷されて出ている。そのうち、元結『篋中《きょうちゅう》集』一巻、殷璠《いんはん》『河岳英霊集』三巻、高仲武『中興間気集』二巻などは、それぞれ、編者が、詩人に対するコメントを加え、そのころの詩人の評価などがうかがわれる。

以上、唐代の詩人の伝記をあつめたものとして、正史から『全唐詩』小伝までをあげた。正史に伝記を載せる詩人は少なく、『唐才子伝』『唐詩紀事』『全唐詩』小伝と詩人の数は多くなるが、内容は簡略になり、信憑性もうすくなる。しかし、小詩人のときは、やむを得ず、『全唐詩』小伝などで、その伝記のあらましを知るほかないこともあるのである。

ところで、以上の伝記は、ある詩人の生涯を伝える、いわば歴史叙述のスタイルをとるのであるが、そのほかにも資料がある。その一つは、墓誌銘を中心とする文学的散文である。

二　墓誌銘およびその他の文学的散文

正史などのように歴史の伝記としてでなく、文学的散文として書かれた詩人の伝記資料としては、墓誌銘を最も重要なものとして、ほかに、詩文集の序その他がある。

1　墓誌銘

墓誌銘は、死者を記念するためのものであるが、中国では、それに事跡を記述するのがふつうであるから、詩人伝についての重要な資料となることはいうまでもないが、又、それにはその限界もあることが、すでに小川教授『唐代の詩人』「序説」に述べられている。この態度、すなわち墓誌銘が伝記と異なる叙述の体を取ることは、宋の曾鞏《そうきょう》が、『欧陽舎人（欧陽修）に寄する書』（『南豊先生元豊類藁』巻一六）のなかでつぎのようにいっている。「蓋《けだ》し史の善悪に於ける、書せざる所無くして、銘は、蓋し古の人、功徳材行志義の美なる者有り、後世の知らざるを懼《おそ》るれば、則ち必ず銘して之れを見《しめ》す。或いは廟に納め、或いは墓に存す、一なり。苟《いやし》くも其の人の悪は、則ち銘に於いてか何か有らん。此れ其の史と異なる所以なり」と。すなわち、その人の悪は、歴史には、記録されねばならないが、墓誌銘には、書くべきでない、というのである。

又、小川教授『唐代の詩人』「序説」に述べられているように、墓誌銘の中には、具体的記述が案外少なくて、死者への賛辞に終始するものもある。甚だしいのは、現在の葬式のあいさつのように、紋切り型の文章の中に、ただ人名と生卒年月日だけをとりかえただけのようなものもある。特に、有名な文学者の筆に成らない、考古学的発

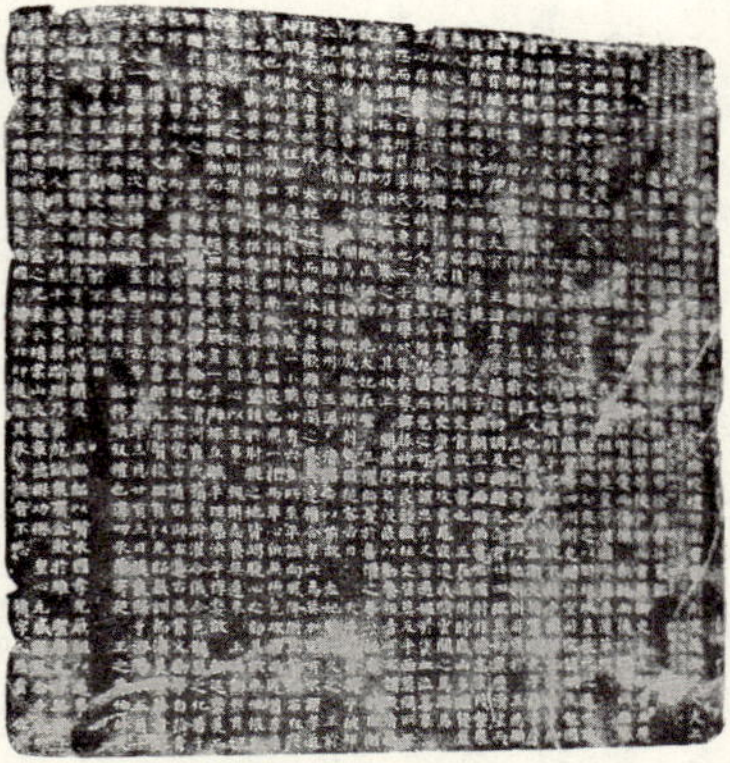

曹成王李皐墓誌銘

掘で偶然発見された墓誌銘に、そのような模式的なものが数多く見られる。

それから、小川教授の説明にもあるが、実際に保存・発見された刻石そのものが存するのはまれで、多くは、墓誌銘の作者の文集中に収められてのこっていることも、墓誌銘の史料としての価値に影響を及ぼす。作者の文集中に収められたものは、作者の文章の美を示すためであるから、しばしば、年月日などを、某年某月某日としてしまっている。墓誌銘が、死者を記念する以上、年月日ははなはだ重要な位置を占めているはずであるが、作

者の文彩をかがやかすためには、無味乾燥な数字などはどうでもよくなるのである。しかし、墓誌銘を、その墓主の伝記資料と考えるなら、その数字が重大な意味を持つということまでもなく、これでは用をなさないことになる。

といって、墓誌銘は、死者の死亡時期遠からぬときに書かれ（まれには元稹の書いた杜甫「墓係銘」のように、死後四十年以上も経てから執筆されることもあるが）、遺族の承認も得ているわけであるから、以上のような問題点も含みながら、第一次資料としてゆるがせにできないものがある。そして、時には、歴史の伝記が、墓誌銘を材料として書かれることさえある。問題点に注意しながら、あつかうなら、伝記として、墓誌銘はやはり高度の信頼性あるものとして、高い価値を与えねばならないであろう。

墓誌銘は、現物が出土したものはあまり多くなく、たいていは作者の文集に収められているものによるのがふつうである。そのためには、作者個人の文集、つまり別集を見なければならない。商務印書館で出した古典全集『四部叢刊』には、初編六十家、続三編十二家、合計七十二家、中華書局で出した同様の全集『四部備要』には、二十六家の唐の別集が収められている（附録A参照）。ただし、これは、詩だけを収めたものも含み、時代も唐のつぎの五代までにわたっているので、文をも収めた文集は、これよりすくない数になる。およそ、このぐらいが、容易に見ることのできる唐の別集ということになる。このなかには、李白・杜甫・韓愈・柳宗元などのように、注のあるものもあり、墓誌銘についても、それが載せられている別集が見られ、ことに注があるのなら、それをまず見るべきであることはいうまでもない。

それでは、別集以外には、文を見ることができないか。もちろん、そのほかにも多くの文が伝わっている。唐代の別集中の文、別集以外の資料からあつめられた文を、全部あつめたのは、康熙の『全唐詩』にまねて作られた清の嘉慶帝勅撰の『全唐文』一千巻である。この書は、清朝乾隆・嘉慶の考証学極盛時代の成果として、『全唐詩』よりも完全に、唐文のすべてを収めているといわれる。ただ、その文がいかなる文献から採られたか、出所を示すことがない。この点は、『全唐詩』でも同じことであるが、厳密なテキスト・クリティークを必要とするばあいには、さらにもとづく出所をさがさねばならぬ不便がある。そこで、それらを調査した索引として、京都大学人文科学研究所編の『唐代の散文作家』と『唐代の散文作品』二冊が編纂され、『全唐文』の作者および作品の索引とその出所を示す。ときどき出所不明となっている文があるが、筆者の知るところでは、その多くは、『新・旧唐書』から出るものである。『唐代の散文』には、文章の題目によって、関連する人名の索引もあって、ある文章がだれとの関連で書かれたかがわかるが、ただ、墓誌銘も書簡も同じように索引にあらわれるので、墓誌銘をさがすのに、索引だけではわからなくて、一一その文にあたってみなければならない不便さがある。『全唐文』は、『全唐詩』のようにあちこちで刊行されず、清朝の宮廷で刊行した本のほかは、広雅書局刊本だけで、入手がそれほど容易でなかったが、最近、影印縮刷のテキストができて、座右に置くのに、それほど困難がなくなった。なお、『全唐文』でも、その後の資料の発見などにより、漏れた文章が見つかり、清末、陸心源によって『唐文拾遺』七十二巻、『唐文続拾』十六巻が編せられた。この書物は出所をあきらかにしている。これも影印本が出された。

『全唐文』の資料の主なものは、もちろん各人の別集であるが、そのほか、石碑などの刻文であるいわゆる金石文にも及んでいる。金石文をあつめた代表的な書物は、清の王昶《おうちょう》の『金石萃編《すいへん》』一百六十巻であって、唐だけでなく、歴代の金石文も収める。これも、最近、影印本が出ている。

別集が伝わる文学者の作品は、別集から集められるが、もし、別集が伝わらない作家のばあいには、総集がその重要な資料となる。そればかりか、別集が伝わっている文学者でも、総集つまり詞華集中にだけ収められて、別集には収めない作品がある。たとえば、前《ぜん》蜀《しょく》の韋《い》縠《こく》の編集した『才調集』十巻は、唐人選唐詩の一つであるが、その中には、現在まで別集が伝わる元稹・白居易の詩でこれだけにしか見えないものがある。総集のうち、

『全唐文』の大きな資料は、宋初、李昉《りぼう》らが勅命によって編集した『文苑英華』一千巻であろう。これも、従来は、明刊本しかなくて、入手しがたい書物の一つであったが、一九六六年（日本に来たのは、七二年以後）、一百四十巻の宋刊本に、明刊本でのこりを補ったテキストが、北京で出版された。巻末に宋の彭叔夏《ほうしゅくか》『文苑英華辨証』十巻、清の労格『文苑英華辨証拾遺』一巻と作者姓名索引を附録しており、便利である。

2 文集序

詩人の伝記資料として、墓誌銘が重要な資料であること、および、それらを収める別集・総集についても、その関連事項として述べた。このような文集の収める文のうちで、墓誌銘のつぎに、伝記資料として、重要な情報を提供するのは、その作家の文集の序である。

しかし、文集の序は、作者の作品についての解説、又は称讃が、主たる目的であり、その解説の一部として、作者の伝記が書かれるのであって、必ずしも伝記は、文集序の必要条件ではない。墓誌銘が、たといはなはだ抽象的であっても、墓主の経歴にふれねばならぬのとは異なる。そして、作家の文集序である以上、その作家に肯定的な態度で書かれるのがふつうであり、その点では、歴史の書きかたであるより、墓誌銘のかきかたに近い。

ただ、文集序において、伝記に重点がおかれている詩人は、おおむね世に知られない作家が多い。それだからこそ作者の伝記に重点を置いた序が書かれるといえようが、他の資料によって伝記が知られない人だけに、貴重な情報が与えられ、ゆるがせにできないのである。

文集序は、序文の作者の文集に載せられているのはもとより、その文集が伝わっておれば、それに載せられている。ただ、そのばあい、両者が一致しないことがあることは注意しなければならない。たとえば、「李賀詩集序」は、杜牧が書いたものであるが、その文集『杜樊川《はんせん》文集』では、李賀の詩の数を「幾《ほと》んど千首」というのに、王琦彙解《おうきいかい》『李長吉歌詩』のはじめに載せた杜牧序は「凡《およ》そ二百三十三首」とあって、詩数について、王琦がこまかい考証をしている。つまり、『杜樊川文集』に収めた序では、数字についておおまかであり、『李長吉歌詩』に冠する序では、現に存在する詩数にあわせて、現行本が原型を存していることの証拠としようとする意図がうかがわれる。もし、『杜樊川文集』が存しなければ、王琦のことばが信ぜられるかもしれないが、この二つをつきあわせて見れば、王琦本の序にいう詩数が、現行本と一致することこそ、数字に作為が加えられたことをうかがわせるのに十分である。このように、詩文集の前後に載せられた序跋には、そのテキストにあわせる変改が加えられるおそれがあって、注意する必要がある。同じような例は、劉禹錫の書いた「唐故柳君集序」（柳宗元の文集の序）にも見られ、『劉夢得《ぼうとく》文集』所載のものは、柳宗元集を「三十通」（通は、巻と同じ）とする（東京静嘉堂文庫に収蔵する柳宗元集残本は、三十巻本の形を存する）のに、現行のテキストのはじめに載せるものは、今の形にあわせて、「四十五通」と改めている。

このように文集序には、その書物が存するばあい、それに載せられた序だけでは、変改のおそれがあり、テキスト・クリティークを必要とするが、ひとつの重要な伝記資料を提供するものであることはいうまでもない。

3 その他

そのほか、「伝」という名の文章がある。しかし、文集中における「伝」は、歴史中の「伝」とちがい、ある人の行為の特殊さを伝えることを目的として書かれるから、その人の伝記とはならない。たとえば、韓愈の「太学生何蕃伝」「圬者《うしや》王承福伝」、柳宗元の「宋清伝」「李赤伝」を見ても、何蕃・王承福・宋清・李赤の一生の履歴は、決して知られないのである。ただ、何蕃の孝・仁・勇、王承福・宋清の市民生活から得た倫理、李赤の瘋《ふう》狂《きよう》を伝えるのに重点がある。このような無名の人だけでなく、李商隠の『李賀小伝』にしても、李賀の死の異常さに叙述の中心が置かれ、その生平については、それほど書かれていないのである。

又、墓誌銘を書いてもらうためや、官から諡《おくりな》を賜わるときの資料にする文として、「行状」があり、これも重要な伝記資料であるが、その史料として限界をもつこと、墓誌銘にひとしい。同じように、人を挙げ薦める「状」も、伝記的部分を含むが、おおむね年少者が推薦されるので、断片的資料を提供するにとどまる。又、死者を祭る「祭文」も、伝記的部分を含まないわけではなく、時には伝記が大きな部分を占めることもあるが、韻文で書かれるのがふつうであるため、表現の華麗さに事実がおおわれることが多く、なまの伝記とはなりがたい。人を送別する「送序」(「贈序」ともいう)、人との往来書簡である「書」も、伝記的要素をいくらか持つが、まとまった事実を告知せず、断片的資料となるにすぎない。

三　随筆・雑記

以上二つは、ある個人の履歴について、まとまった知識を与えるものであるが、断片的な情報を与えるものは、数多い。

劉宋の劉義慶《りゅうぎけい》の編した『世説新語《せせつしんご》』三巻は、後漢からかれの時代までの有名人の逸話を、そのときの名言を中心に分類記録したものであるが、この形式は、以後ひとつの著述の体を成し、それをまねた書物がいくつも作られた。唐代では、劉粛《りゅうしゅく》『大唐新語《だいとうしんご》』十三巻は、唐初から代宗の大暦までの名人の逸話を、分類してあつめ、宋の王讜《おうとう》の『唐語林《とうごりん》』八巻は、唐代随筆中の逸話を、『世説』の分類にほぼもとづきながら、編集したものである。

『世説』のような分類を施さず、ただ、筆のままに書きとめた（多くは年代順に排列されているように思われるが）ものも多い。劉餗《りゅうそく》『隋唐嘉話《ずいとうかわ》』三巻は、隋から唐の玄宗時代にかけて、李肇《りちょう》『国史補《こくしほ》』三巻は、玄宗から敬宗にかけて、趙璘《ちょうりん》『因話録《いんわろく》』六巻は、玄宗から宣宗にかけて、范攄《はんちょ》『雲渓友議《うんけいゆうぎ》』六（又は十二）巻は、玄宗から僖宗《きそう》にかけて、孫光憲《そんこうけん》『北夢瑣言《ほくむさげん》』二十巻は、晩唐五代の、それぞれ逸話を記録する。これらは、さまざまな逸話をあまり整理せずに、記録したように思われるが、その中に詩人についての記述も、もとより含まれている。

それらに対し、あるテーマをもって、逸話にまとめたものもある。たとえば、詩に関する逸話である。北宋の欧陽修は、それを「詩話」と名づけ、以後多くの「詩話」が作られたが、唐代にも、「詩話」とは名づけられなかったが、同様のものがある。唐末の孟棨《もうけい》の『本事詩』一巻がそれで、情感・事感・高逸・怨憤・徴異・徴咎《ちょうきゅう》・嘲戯の七類に分けて、詩に関する逸話を収めている。いわば「世説」的分類によって、名言のかわりに、詩篇を中心にしたものといえる。又、科挙すなわち官吏任用試験について記述したものに、五代の王定保《おうていほう》『唐摭言《とうせきげん》』十五巻がある。これは、逸話だけでなく、科挙の制度などにも及んでおり、唐の文学が、科挙と密接な関係を持つことからいって、重要な資料を提供する。なお、唐の科挙については、清の徐松『登科記考』三十巻が、もっともすぐれた研究であって、京都大学人文科学研究所が編した人名索引がある。最近影印された本は、この索引を附録する。「登科記」は、ある年の科挙の合格者名簿であるが、徐松の書は、それがすでに失われているのを、諸書からあつめ考証したもので、正史などに見えない人の事跡をもよくひろっている。なお、厳耕望『唐僕尚丞郎表』は、尚書省の僕射《ぼくや》・丞・尚書・侍郎についての年表とともに考証があり、労格・趙鉞《ちょうえつ》『唐尚書省郎官石柱題名考』『唐御史台《ぎょしだい》精舎題名考』も、完全なものではないが、郎官・御史になった人の事跡について調べる役に立つ。

ところで、『大唐新語』から『唐摭言』に至る諸書は、逸話というものが、はなしのおもしろさに中心を置きがちであるので、内容がすべて事実とはいえず、歴史記述と矛盾して、虚構でないかと思われるものも存するけれども、前述の『唐詩紀事』、さらには『唐才子伝』の来源となっているものもあり、一概にすべてを否定し去るわけにいかない。資料が僅少な唐代では、かかる真偽定かならぬ資料でもとりあげて、伝記の空白を埋めなければならないのである。

唐詩は、時に歌われることがあった。その点で、音楽に関する記録も無視できない。南卓の『羯鼓《かっこ》録』一巻、段安節『楽府《がふ》雑録』十一巻は、唐人の書いた音楽の記録であり、崔《さい》令欽《れいきん》の『教坊記』一巻、孫棨の『北里志』一巻は、唐人の書いた遊里の記録であるが、音楽や詩についての記述が含まれている。

これらの随筆・雑記は、従来、叢書の一種として刊行されたものが多く、入手はむずかしかったが、一九五〇年代に、上海で『中国文学参考資料小叢書』として出されたものは、活字で句読をつけて（句読がすべて正しいわけではないが）便利であり、台北でも同種のものが出されている。

四　参考書

そのほか、唐代詩人の伝記研究に参考となる書物をあげる。

個人の伝記を、年をおうて記述したものが、年譜であるが、唐の詩人でも、李白・杜甫以下、主な作家のはできている。その目録を、附録Bとしてかかげておいた。

史書の日付は、干支で表わされることが多いが、それが、何日に当たるか、又、西暦では何年何月何日に相当するかを調べる必要がある。京都大学人文科学研究所編『唐代の暦』は、それをあきらかにするための書物であるが、漢から民国までの分を含む陳垣『二十史朔閏表』でも間に合う。又、日本・中国・西暦を対照したわが内務省地理局『三正綜覧』(一八八〇、覆刻本あり)も、ほぼ同様に利用できる。ただ、中国の太陰暦を、太陽暦に換算するのに、唐代については、『二十史朔閏表』は、ユリウス暦により、『三正綜覧』は、グレゴリオ暦を用いているので、数日の差がある。

詩人その他の人物の生卒年は、伝記が伝わっているからといってわかるとはかぎらない。正史の本伝でさえも、卒年やその年齢を欠き、墓誌銘も、作者の文集に載せられているものには、某年某月某日、年若干にして卒す、ということがめずらしくないのである。一応、わかる分だけを集めたものに、姜亮夫《きょうりょうふ》『歴代人物年里碑伝綜表』があって、便利であるが、完全なものとはいえず、時には明白なあやまりがある。聞一多『唐詩大系』(『聞一多全集』第四巻所収)は、できるだけ、詩人の生卒を書き加えようと試みているが、推定の根拠が明示されていない。そういう不十分さはあるが、いまのところ、詩人の年代を調べるのに手近なものは、まずこの二書をあげるほかはない。

伝記中には、しばしば、地名が現われる。京都大学人文科学研究所編『唐代の行政地理』は、それを調べるための索引であるが、李兆洛『歴代地理志韻編今釈』も、その役に立つ。前者は後者に拠って、唐の某地が、清の某地であることを記しており、清の地名は、今の地名といくらかのちがいはあるが、大体は、そのままであるので、それを地図によってたしかめればよい。ただ、李氏の書は、地名の下の字の韻引きであるのが、馴れないものにとっては、使いにくいであろう。しかし、商務印書館の『国学基本叢書』に収められていて、入手しやすい。そのほか、商務印書館編『中国古今地名大辞典』を使用してもよい。

官職については、『唐代の詩人』に収める礪波護教授「唐の官制と官職」に譲る。

家系に関しては、前述の『新唐書』宰相世系表が、第一の資料であるが、ほかに、姓氏の出自を説いた林宝『元和《げんな》姓纂《せいさん》』十巻があるが、清代の輯本であって、内容もきわめて簡単で、宰相世系表に及ばない。

唐代では、人はしばしば、兄弟（親類の同世代のものも含む）の順序で呼ばれる。たとえば、杜甫は、杜二、李白は李十二、といわれる。これを排行というが、排行で呼ばれているのがだれであるかを調べるのに、便利な本がある。それは、岑仲勉《しんちゅうべん》『唐人行第録』（北京、一九六二）であって、巻末に索引もついている。

最近、傅《ふ》璇琮《せんそう》・張忱石《ちょうしんせき》・許逸民編撰『唐五代人物伝記資料綜合索引』（北京、一九八二）が出版され、『新・旧唐書』『全唐文』『全唐詩』をはじめ、宋代編集の地方志、僧伝の類までを含め、本解説に引いた伝記資料を網羅する綜合索引として極めて有用である。

以上、いろいろ、伝記資料と参考書をあげたが、ある詩人にとっての最良の伝記資料は、その詩人の作品であること、小川教授の『唐代の詩人』「序説」に見えるとおりである。

さいごに附録として、『四部叢刊』と『四部備要』に収められている唐人の別集、今までに作成されている唐代文学者の年譜、京都大学人文科学研究所で編せられた『唐代研究のしおり』を表にして、つぎにかかげる。

附録A　『四部叢刊』『四部備要』所収唐人別集目録

『四部叢刊』は初編・続編・三編とあるが、台湾版は、続編・三編を一つにして続編とする。ここは、もとの編名を用いる。略称として、四部叢刊初編は、「叢初」とし、続編・三編はこれにならう。『四部備要』は「備」と略称する。書名は、四部叢刊のを本にし、内容が甚だしく相違するものは、四部備要のも別にあげた。

1　王績　東皐子集　叢続
2　寒山　寒山詩　叢初
3　駱賓王　駱賓王文集　叢初
（初唐四傑集）　備

4 盧照鄰 幽憂子集 叢初

（初唐四傑集） 備

5 王勃 王子安集 叢初

（初唐四傑集） 備

6 楊炯 楊盈川集 叢初

（初唐四傑集） 備

7 陳子昂 陳伯玉文集 叢初

8 宋之問 宋之問集 叢続

9 張説 張説之文集 叢初

10 張九齢 曲江張先生文集 叢初 備

11 孟浩然 孟浩然集 叢初 備

12 王維 王右丞集 叢初

王右丞集注（趙殿成箋注） 備

13 李白 分類補註李太白詩、分類編次文 叢初

李太白詩集（王琦注） 備

14 顔真卿 顔魯公文集 叢初 備

15 高適 高常侍集 叢初
16 岑参 岑嘉州詩 叢初
17 杜甫 分門集註杜工部詩 叢初
杜工部集（鄭澐刊） 備
18 劉長卿 劉随州文集 叢初 備
19 銭起 銭考功集 叢初
20 皇甫冉 皇甫冉詩集 叢三
21 皇甫曾 皇甫曾詩集 叢三
22 元結 元次山文集 叢初 備
23 皎然 昼上人集 叢初
24 韋応物 韋江州集 叢初 備
25 独孤及 毘陵集 叢初
26 孟郊 孟東野詩集 叢初 備
27 権徳輿 権載之文集 叢初
28 陸贄 陸宣公翰苑集 叢初 備
29 韓愈 昌黎先生文集（朱熹考異） 叢初

韓昌黎全集（廖瑩中輯注） 備

30 張籍　張司業詩集　叢初

31 皇甫湜　皇甫持正文集　叢初

32 李翺　李文公集　叢初

33 盧仝　玉川子詩集　叢初

34 劉禹錫　劉夢得文集　叢初

劉賓客集　備

35 白居易　白氏文集　叢初

白香山詩集（汪立名編） 備

36 呂温　呂和叔文集　叢初

37 柳宗元　柳先生集（童宗説注） 叢初

柳河東全集（蔣之翹輯注） 備

38 元稹　元氏長慶集　叢初　備

39 朱慶餘　朱慶餘詩集　叢続

40 李徳裕　李文饒文集　叢初

41 賈島　賈浪仙長江集　叢初　備

42　李賀　歌詩編　叢初
　　　李長吉歌詩（王琦注）　備
43　欧陽詹　欧陽行周文集　叢初
44　姚合　姚少監詩集　叢初
45　周賀　周賀詩集　叢続
46　沈亜之　沈下賢文集　叢初
47　杜牧　樊川文集　叢初
　　　樊川詩集注（馮集梧注）　備
48　許渾　丁卯集　叢初
49　崔致遠　桂苑筆耕集　叢初
50　劉蛻　劉蛻集　叢初
51　李商隠　李義山詩集、文集　叢初
　　　玉谿生詩箋注・樊南文集詳註（馮浩注）
　　　樊南文集補編（銭振倫・銭振常箋注）　備
52　温庭筠　温庭筠詩集　叢初
　　　温飛卿集箋注（顧嗣立重校）　備

53　孫樵　孫樵集　叢初
54　李頻　梨岳詩集　叢三（台湾重印本なし）
55　李群玉　李群玉詩集　叢初
56　陸亀蒙　甫里先生文集　叢初
57　貫休　禅月集　叢初
58　羅隠　甲乙集　叢初
59　皮日休　皮子文藪　叢初
60　胡曾　詠史詩　叢三
61　司空図　司空表聖詩集、文集　叢初
62　鄭谷　鄭守愚文集　叢続
63　斉己　白蓮集　叢初
64　韓偓　玉山樵人集、香奩集　叢初
65　韋荘　浣花集　叢初
66　徐夤　釣磯文集　叢三
67　杜光庭　広成集　叢初
68　李咸用　披沙集　叢初

69　黄滔　唐黄先生文集　叢初
70　李建勲　李丞相詩集　叢続
71　李中　碧雲集　叢初
72　魚玄機　魚玄機詩　備
73　竇常・竇牟・竇羣・竇庠・竇鞏　竇氏聯珠集　叢三
74　李璟・李煜　南唐二主詞　備

（このうち、『初唐四傑集』『竇氏聯珠集』『南唐二主詞』は、厳密には別集でないが、個人の詩文集を数種集めたという性格から、便宜上、ここにあげた。）

なお、万曼『唐集叙録』（北京、一九八〇）は、唐人別集の書誌学的研究に関して基礎的な資料を提供する。

附録B　唐代文学者年譜目録

京都大学人文科学研究所編『歴代名人年譜』（京都、一九五一）を基礎に、見がたいものを省略し、その後、新しく発表されたものを加え、李白・杜甫など、年譜が多く作られている文学者については、主なものだけに限った。同一の年譜に数種のテキストのあるときは、見やすいもの一種をあげる。

王績（五八五―六四四）

游信利「王績疑年録」中華学苑8

王勃（六五〇―六七五）

劉汝霖「王子安年譜」師大月刊2

鈴木虎雄「王勃年譜」東方学報京都14―3

田宗堯「王勃年譜」大陸雜誌30―12

陳子昂（六六一―七〇二）

羅庸「陳子昂年譜」国学季刊5―2

張九齢（六七八―七四〇）

何格恩「張九齢年譜」嶺南学報4―1・2

王昌齢（六九八―七五七）

譚優学「王昌齢行年考」文学遺産12

王維（六九九―七五九）

顧起経「王右丞年譜」『類箋唐王右丞詩集』附

趙殿成「王右丞年譜」『王右丞集箋註』附

李白（七〇一―七六二）

王琦「李太白年譜」『李太白文集』附
黄錫珪『李太白年譜』一九五八年北京作家出版社排印本
詹鍈『李白詩文繫年』一九五八年北京作家出版社排印本
高適（七〇七―七六五）
阮廷瑜「高適年譜」『高常侍詩校注』附
孫欽善『高適年譜』北大学報一九六三―六
顔真卿（七〇九―七八五）
留元剛「顔魯公年譜」四部叢刊『顔魯公文集』附
黄本驥「顔魯公年譜」四部備要『顔魯公文集』附
杜甫（七一二―七七〇）
仇兆鰲「杜工部年譜」『杜詩詳註』附
聞一多「少陵先生年譜会箋」『聞一多全集』三
四川省文史研究会『杜甫年譜』一九五八年成都四川人民出版社排印本
岑参（七一五―七七〇）
賴義輝「岑参年譜」嶺南学報1―2
聞一多「岑嘉州繫年考証」『聞一多全集』三

李嘉言「岑詩繫年」文学遺産増刊3
元結（七一九―七七二）
孫望『元次山年譜』一九五七年上海古典文学出版社排印本
楊承祖「元結年譜」淡江学報2・5
韋応物（七三七―七九一？）
傅璇琮「韋応物繫年考証」『唐代詩人叢考』所収
孟郊（七五一―八一四）
華忱之『孟郊年譜』一九五九年北京人民文学出版社「孟東野詩集」付
梁粛（七五三―七九三）
神田喜一郎「梁粛年譜」『東方学会創立二十五周年記念東方学論集』東京、一九七
二
陸贄（七五四―八〇五）
丁晏『唐陸宣公年譜』頤志斎叢書本
江榕「陸宣公年譜輯略」『陸宣公集』附
張籍（七六六？―八三〇？）
羅聯添「張籍年譜」大陸雑誌25―4・5・6

韓愈（七六八―八二四）

方崧卿・呂大防・洪興祖・程俱『韓文類譜』粤雅堂叢書本

闕名「韓愈家系図並年譜」漢文大系三『唐宋八家文』附

薛濤（七六八―八三二）

傅潤華「薛濤年譜」『薛濤詩』附

白居易（七七二―八四六）

陳振孫「白香山年譜」『白香山詩集』附

汪立名「白香山年譜」『白香山詩集』附

劉禹錫（七七二―八四二）

羅聯添「劉夢得年譜」文史哲学報8

卞孝萱『劉禹錫年譜』一九六三年北京中華書局排印本

柳宗元（七七三―八一九）

文安礼『柳先生年譜』粤雅堂叢書本

斎藤拙堂「柳柳州年譜」『拙堂続文話』巻四

闕名「柳宗元家系図並年譜」漢文大系三『唐宋八家文』附

施子愉『柳宗元年譜』一九五八年武漢湖北人民出版社排印本

元稹（七七九―八三一）

趙令畤「微之年譜」 知不足斎叢書『侯鯖録』巻五

花房英樹「元稹年譜稿」 京都府立大学学術報告（人文）22・23

薛鳳生「元微之年譜」 書目季刊10―3

沈亜之（七八一―八三二）

張全恭「唐文人沈亜之之生平」 文学2

賈島（七七九―八四三）

李嘉言『賈島年譜』 民国三十六年上海商務印書館排印本

李賀（七九一―八一七）

朱自清「李賀年譜」『朱自清文集』四

杜牧（八〇三―八五二）

倉石武四郎「杜樊川年譜」 支那学3―11

繆鉞「杜牧行年簡譜」『杜牧詩選』附

温庭筠（八一二―八七〇?）

夏承燾「温飛卿繫年」『唐宋詞人年譜』所収

李商隠（八一二―八五八）

馮浩「玉谿生年譜」『玉谿生詩詳註』附
張采田『玉谿生年譜会箋』一九六三年北京中華書局排印本
羅隠（八三三―九〇九）
汪徳振『羅隠年譜』民国二十六年上海商務印書館排印本
韋荘（八三六―九一〇）
夏承燾「韋端己年譜」『唐宋詞人年譜』所収
韓偓（八四四―九二三）
震鈞「韓承旨年譜」『香奩集発微』附
繆荃孫『韓翰林詩譜略』藝風堂彙刻本
孫克寛「韓偓簡譜初稿」図書館学報5
馮延巳（九〇三―九六〇）
夏承燾「馮正中年譜」『唐宋詞人年譜』所収
李璟（九一六―九六一）・李煜（九三七―九七八）
唐圭璋「南唐二主年表」『南唐二主詞彙箋』附
夏承燾「南唐二主年譜」『唐宋詞人年譜』所収

附録C　京都大学人文科学研究所平岡武夫編「唐代研究のしおり」目録

紙の発明と後漢の学風

一

学問は、それ自体の思想的発展によって変化することもあり得るけれども、時には、外的条件の変化が、学風の変化をひき起こすこともある。特に、学問と切り離すことのできない書籍の形態がしばしば学風に影響を与えていることは軽視できない問題である。最近、欧米で、印刷術の伝来が西欧の思想・文化にどういうような影響を与えたか、たとえば、グーテンベルクの印刷術がルーテルの新約聖書を生み、ひいては、プロテスタントの興隆に力を貸したことなどが論じられている。(1) 中国についていえば、後漢の蔡倫《さいりん》の紙の発明とその時代の学風の変化、および唐朝中期の印刷術の発明と宋代新儒学の興隆の関係が最も注目すべき問題であろう。そのうち、ここでは、紙の発明と後漢の学風の問題を取り上げたい。

学問は、ある文化を伝えようとするものであるが、何らかの知識をつぎの世代に受け渡すことは、必ずしもことばによらねばならぬことはない。音楽・舞踊のような無形文化財もあり、マンダラのように世界観を絵で表わしたりすることもあるが、一つの固定化したものとして伝えるためには、ことば（音声・文字）とする必要があり、特に文字化しない限りは、容易に消えてしまう。口誦文学は、かなりよく伝えられるものではあるが、文字に書かれたものほどの固定性はない。したがって、学問は、文字言語で表わされたその文化に関する文献を学ぶことが主要な方法となり、その成果をまとめるには、書籍の形態を取るのが普通である。そして、書籍の形態は、当時の科学技術によって制限される。ただし、ここでいう書籍とは、ある一つのまとまった内容を持つ文字言語と広義に定義したい。だから、亀甲獣骨に書かれた文字言語も、木牘《ぼくとく》・竹簡に書かれた文字言語も、ここでは、書籍の中に入れることにする。

技術の問題として、まず、書写方法がある。すなわち、甲骨金石に対しては、鐫刻《せんこく》もしくは鋳出、竹木紙帛《しはく》には、筆・ペン・鉛筆などによる手書、印章による捺印《なついん》、木版・木活字・鉛活字・石版などによる印刷、その他タイプライター・写真・複写などの方法がある。こうした技術の変化の方向は、書写時間をいかに短縮するか、一時に大量生産をいかに可能にするかに向かっているといえよう。

つぎに、書写材料についていえば、甲骨金石、帛、竹簡・木牘、それから紙になる。これは、書写材料の性質が、まず、書きやすいこと、つぎに、携帯に軽便であること、更に価格が低廉であることが大切であることを示し、その方向に向かって進んできたことはあきらかであろう。

二

ところで、後漢の蔡倫（?—一二一）が紙を発明したというのはどういうことなのか、ここで、『後漢書』宦者伝の記事を検討してみたい(2)。

蔡倫、字は敬仲、桂陽の人なり。……建初中、小黄門と為る。……後、位を尚方令に加えらる。永元九年、秘剣及び諸器械を監作し、精工堅密、後世の法為《た》らざるもの莫《な》し。

古より書契多く編するに竹簡を以てし、其の縑帛《けんぱく》を用うる者、之れを謂って紙と為す。縑貴《たか》くして簡重く、並びに人に便ならず。倫、乃《すなわ》ち意を造《いた》して、樹膚・麻頭及び敝《へい》布《ふ》・魚網を用いて、以て紙と為す。元興元年奏して之れを上《たてまつ》る。帝、其の能を善みし、是れより従い用いざるもの莫し。故に天下咸《ことごと》く「蔡侯紙」と称す。

ここで注意すべきは、蔡倫以前にも紙はあったということである。もしも紙が存在しなかったら、わざわざ「蔡侯紙」と「紙」の上に「蔡侯」ということばを加えて、普通の「紙」と区別する必要はなかったはずである。そして、蔡倫の紙の特長が、一つは軽量にあり、もう一つは、経済性にあったことは、「縑貴くして簡重く、並びに人に便ならず」と『後漢書』で、先行する書写材料の欠点を挙げていることから知られる。さきに述べたように、書寫材料の性質は、携帯に軽便であって、価格が低廉である方向に向かっているのであるが、紙はその方向に最も適合した材料であった。

蔡倫以前にも紙があったことは、最近の考古学的調査によってもたしかめられている(3)。しかし、紙は書写材料としてのみ使用されるのではない。新聞では弁当は包めるが、ラジオでは包めないという小話が示すように、包装用として使用されていたのかもしれないのである(4)。それを書写材料として堪えるような質のものに作ったということを「蔡侯紙」という他と区別するような名称で呼ばれたことは示しているように思われる。また、材料が「樹膚・麻頭及び敝布・魚網」であったことは、ほとんど廃物に近いものを使用したということで、経済性の点でこれまでのものに比べて非常に勝れていたことを窺わせる。

蔡倫が尚方令、すなわち「上の手工して作る御刀剣、諸《もろ》もろの好みの器物を掌《つかさど》る」(5)職であって、このような新しい工業製品を造り出すのにふさわしい位置にいたのは確かではあるが、尚方令になった宦者がすべてなんらかの発明に関わっていたわけではないので、蔡倫が「意を造した」こと、つまり、アイデアを出したことは認めてよいであろう。

さて、蔡倫が紙を上った元興元年（一〇五）より前に、書写材料としての紙の記録があるか、見てみる必要がある。范曄《はんよう》『後漢書』巻三六、賈逵《かき》（三〇—一〇一）伝につぎのような記事がある。

建初元年、（賈）逵に詔して入りて北宮白虎観・南宮雲台に講ぜしむ。（章）帝、逵の説を善みし、『左氏伝』の大義の二伝より長ずる者を発出せしむ。逵、是こに於いて具《つぶ》さに之れを条奏して曰く……

書奏せられ、帝、之れを嘉《よみ》し、布五百匹・衣一襲を賜い、逵をして自ら『公羊《くよう》』の厳・顔の諸生の高才なる者二十人を選ばしめ、教うるに『左氏』を以てし、簡紙の経《けい》伝《でん》各一通を与う。[6]

この章帝が諸生に「簡紙」を与えたのは、省略した賈逵の上書の中に、「改元正歴（ママ）」とあり、それを章懐太子注では、「改元とは、建初九年を改めて元和元年と為すを謂い、正歴（ママ）とは、元和二年に始めて四分歴（ママ）を用うるを謂うなり」[7]と説明しているのによれば、元和二年（八五）か、それより程遠からぬころのことと思われる。また、賈逵は、永元十三年（一〇一）に卒しているから、いかに晩《おそ》くとも、蔡倫が紙を上った元興元年（一〇五）より後のことではない。そうすれば、諸生に与えられた「簡紙の経伝」の「紙」は、「蔡侯紙」ではなくて、「縑帛を用うる者」を指しているものと考えられる。(8) まして、ここは、皇帝から賜与された「経伝」なのであるから、「貴い縑帛」であっても差し支えないであろう。

実際、宮廷には、「縑帛の図書」が多かった。『後漢書』巻七九上、儒林伝につぎのような記事が見える。

初め、光武（帝）、洛陽に遷《うつ》り還り、其の経牒《けいちょう》秘書、之れを二千餘兩に載す。是れより以後、前に参倍す。董卓《とうたく》、都を移す際に及んで、吏民擾乱《じょうらん》し、辟雍《へきよう》・東観・蘭台・石室・宣明・鴻都諸蔵の典策文章より、競って共に剖散し、其の縑帛の図書、大は則ち連ねて帷《い》蓋《がい》と為し、小は乃ち制して縢嚢《とうのう》と為す。(9)

これから見て、賈逵伝の「紙」は、「縑帛」と考えてよい。しかし、儒林伝の記述は、もう一方で、書籍の性質の一面をよく表わしている。すなわち、書写材料の価値が、所有者にとって内容の情報的価値をうわまわるときには、しばしば材料そのものとして使用されることである。だから、「縑帛の図書」は、ただの「縑帛」として、「帷蓋」や「縢嚢」となる。したがって、書籍が書籍として存在しつづけるためには、書写材料の価値ができるだけ低廉でなければならぬ。この点でも、廃物利用といってよい蔡倫の工場の「紙」は、大きな意味を持っていたと思われる。

三

ここで後漢のころの書籍の流通の問題を考えてみたい。書肆《しょし》が、後漢時代、すでに存在していたことは、葉徳輝（一八六四―一九二七）が揚雄（前五三―後一八）『法言』吾子篇と『後漢書』王充（二七―九一）伝とを引いて証している。(10) 揚雄も王充も、元興元年（一〇五）より前に世を去っているから、ふたりの見た書肆には竹簡と縑帛の書籍が並べてあるだけであったろう。葉徳輝の引用していない例で、市で書を売っていた記録がある。それは、建安の七子の一人劉楨《りゅうてい》（?―二一七）の祖父劉梁についてである。

劉梁、字は曼山、一名は岑《しん》、東平（国）寧陽（県）の人なり。梁は宗室の子孫、而れども少《わか》くして孤貧、書を市に売って以て自ら資す。(11)

劉梁は、光和（一七八―一八四）中に卒しているから、いくら長命であったにしても、少年時代、すでに「蔡侯紙」は存在していたであろう。ただ、宮廷で作られた紙がどれほど市民の間に流通していたかは、問題であるが、廃物利用の生産費の低廉な「蔡侯紙」の書籍は、書肆を通じて速やかに広まったのではなかろうか。劉梁は、のち桓帝（一四六―一六八在位）のとき、北新城県の長になり、

> 乃ち更に大いに講舎を作り、生徒数百人を延《ひ》き聚《あつ》め、朝夕自ら往きて勧誡し、身ずから経巻を執《と》って、殿最を試策し、儒化大いに行なわる。[12]

という事跡も伝わっているが、「朝夕自ら往きて勧誡し、身ずから執った経巻」は、携帯に便利な軽量の「蔡侯紙」の経巻であるように思われる。

それでは、紙の普及度はどのようであったか。

紙が急速に普及して、書簡などに使用されたらしいことは、崔瑗《さいえん》（七七―一四二）の「葛元甫《かつげんぽ》（名は龔、永初（一〇七―一一三）中、孝廉に挙げられる）に与うる書」に、

> 今、遣わして書を奉ぜしめ、銭千を贄《し》と為し、并《なら》びに『許子』十巻を送る。貧にして素に及ばず、但《た》だ紙を以てするのみ。[13]

といい、書写材料として、貧乏なので、素すなわち縑帛が使用できず、紙を使用したといいわけしている。

又、馬融（七九―一六六）の「竇伯向《とうはつこう》（名は章、？―一四四）に与うる書」に、

> 孟陵奴来り、書を賜う。手跡を見て、歓喜何ぞ量らん。面するに次ぐ。書、両紙にして、紙ごとに八行、行ごとに七字、七八五十六字、百一十二言のみと雖も。[14]

という。今、のこるのはこれだけなので、わかりにくい箇所もあるが、簡単な書簡に紙が使用されていたことがわかる。

又、延篤（?—一六三、馬融の弟子）の「張奐《ちょうかん》（一〇四—一八一）に答うる書」に、

惟《こ》れ別れて三年、夢に想い言に思い、何《いず》れの日までか違《たが》うこと有らん。伯英（名は芝、張奐の長子、草書の名手として有名）来り、書を恵まること四紙に盈《み》ち、之れを読むこと三たび復し、喜び言うべからず。(15)

この書簡も、四枚の紙に書かれていた。

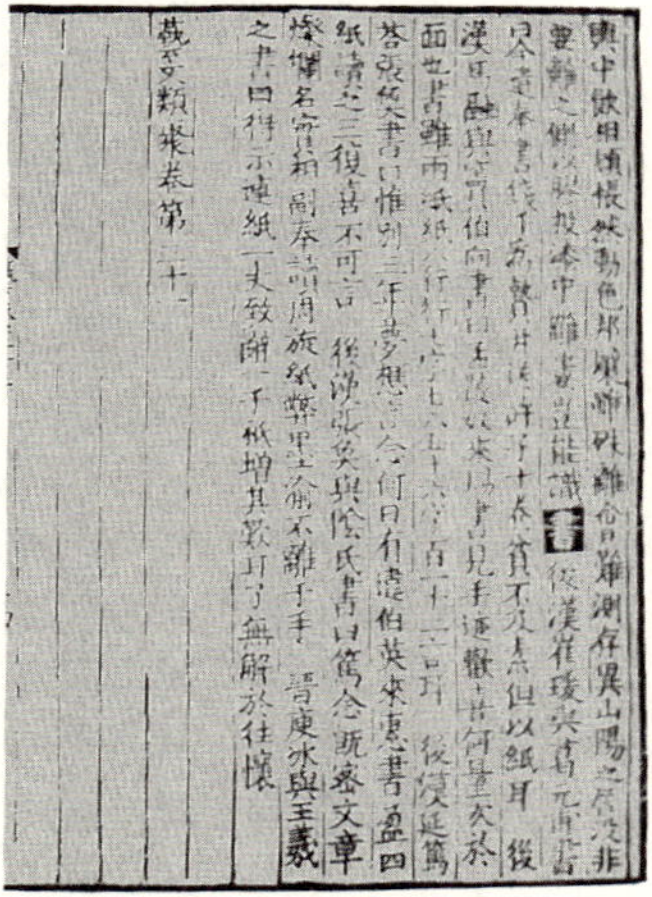

『藝文類聚』紙の記録

更に、張奐の「陰氏に与うる書」にも、

篤《あつ》く念《おも》うこと既に密にして、文章燦爛、名実相副《あいそ》う。奉読すること周旋して、紙弊《やぶ》れ墨渝《かわ》るも、手より離さず。(16)

この書簡も、何べんも繰り返して読んだので、紙もぼろぼろ、墨色も変わるほどだといっているところか

ら、紙に書かれていたことがわかる。

以上四人は、いずれも、蔡倫が紙を上《たてまつ》った元興元年（一〇五）に生きており、しかも蔡倫より少し晩れる同時代人であるから、紙は、少なくとも書簡用紙として急速に普及していったと見られる。

のち、後漢末の混乱の中で、匈奴に連れ去られた蔡邕《さいよう》（一三三―一九二）のむすめ蔡琰《さいえん》を曹操が匈奴から贖《あがな》いもどしてから、曹操が「お宅には書籍が多かったそうだが、記憶しているか」と問い、蔡琰が「今記憶暗誦できるのは、わずか四百餘篇ばかりです」と答えたところ、

操曰く、「今当《まさ》に十吏をして夫人に就きて之れを写さしむべし。」

文姫（蔡琰の字）曰く、「妾聞く、男女の別、礼は親しく授けず。乞う紙筆を給せよ。真も草も唯だ命のままなり。(17)」

このはなしから、このころには、書籍を写すには紙筆を使用することが普通になっていたことが窺われる。蔡琰は、興平中（一九四―一九五）に匈奴に連れ去られ、「胡中に在ること十二年」とあるから、建安十一年（二〇六）か十二年（二〇七）ごろのこととなる。

蔡倫の献上から約百年で、書籍の書写材料として、紙は確乎たる地位を占めていたのである。

四

つぎに後漢の学風について考えてみたい。それには、皮錫瑞《ひしやくずい》『経学歴史』にいうところが簡にして要を得ている。

後漢の経学の前漢より盛んなる者、二事有り。一は則ち前漢は多く一経を専らにし、能く兼ね通ずるもの罕《まれ》なり。経学初めて興り、蔵書始めて出で、且つ或いは雅を為《まな》び、或いは頌を為び、一経を尽くす能わざる者有り。……後漢は則ち尹敏《いんびん》、『欧陽尚書』に習い、兼ねて『毛詩』『穀梁・左氏春秋』を善くす。景鸞《けいらん》、能く『斉詩』『施氏易』を理《おさ》め、兼ねて河洛の図緯を受け、又『礼内外説』を撰す。何休は六経を精研し、許慎は五経無双、蔡玄は学、五経に通ず。此れ其の前漢より盛んなる者の一なり(18)。

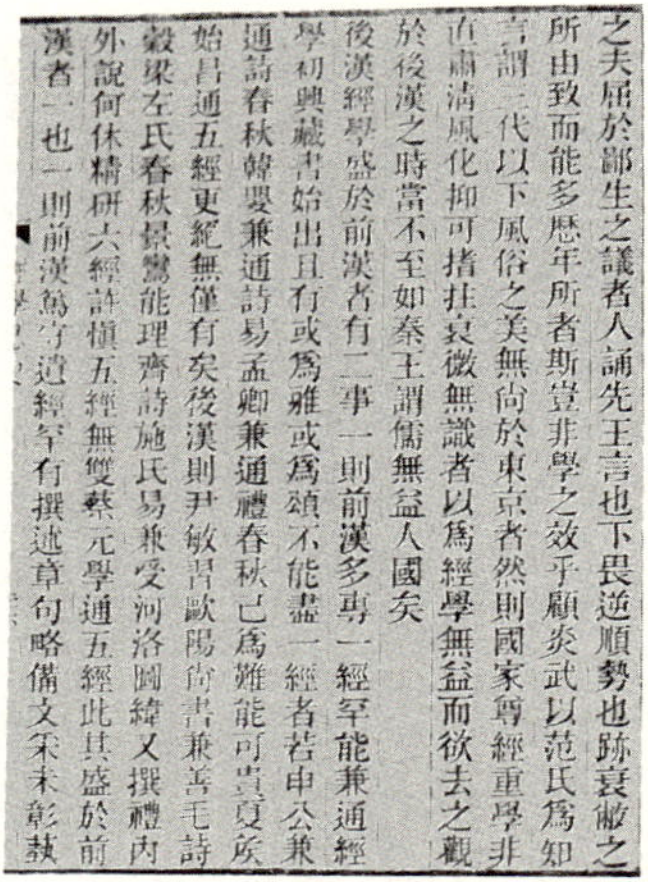
之夫屈於鄙生之議者人誦先王言也下畏逆順勢也跡衰敝之所由致而能多歷年所者斯豈非學之效乎顧炎武以范氏爲知言謂三代以下風俗之美無尙於東京者然則國家尊經重學非直肅清風化抑可揩拄衰微無識者以爲經學無益而欲去之觀於後漢之時當不至如秦王謂儒無益人國矣

後漢經學盛於前漢者有二事一則前漢多專一經罕能兼通經學初興藏書始出且有或爲雅或爲頌不能盡一經者若申公兼通詩春秋韓嬰兼通詩易孟卿兼通禮春秋已爲難能可貴夏侯始昌通五經更絕無僅有矣後漢則尹敏習歐陽尚書兼善毛詩穀梁左氏春秋景鸞能理齊詩施氏易兼受河洛圖緯又撰禮內外說何休精研六經許愼五經無雙蔡玄學通五經此其盛於前漢者一也一則前漢爲守遺經罕有撰述章句略備文采未彰故

皮錫瑞『経学歴史』

皮錫瑞のいうところによれば、前漢の学と後漢の学の違いは二点ある。前漢は一経専門の学で、後漢は諸経兼通の学であったというのが、異同の第一である。一経しか学ばなかったというのは、当時の教育方針のように受け取られやすいが、皮錫瑞も例を挙げているように諸経兼通の人（引用は省略）も皆無でなかったのであり、むしろ、書籍の流通量が少なく、幾種類もの経書が入手しがたかったという外的事情が一経に限定されざるを得なくさせたのではないか。前漢にもおそらく書肆はあったであろうけれども、揚雄のことばや王充の逸話から窺えるように、前後漢の間あたりから、書籍の量が増え、流通が盛んになったのであろう。それが前漢では希少であった諸経兼通の学が普遍化する現象を引き起こしたように思われる。

竹簡縑帛の書籍の量も増加していたところに、紙の発明が革命的にその勢いに拍車をかけたであろう。皮錫瑞の挙げている学者のうち、尹敏（?—六八）・景鸞（年代不詳）を除き、何休（一二九—一八二）・蔡玄（順帝のときの人）の二人は、いずれも「蔡侯紙」献上以後活躍した人である。ただ、許慎（五八?—一四七?）は、その著『説文《せつもん》解字』の中で、「紙は絮《じょ》の一笘《いっせん》なり」(19)といい、段玉裁は、その注に「蔡侯紙」のことを引いてその製法をいうと理解しているようであるが、必ずしも明晰ではない。ただ、馬融が常に推敬していたと、『後漢書』許慎伝(20)に見えるのによれば、前述のように馬融が紙を知っていたことから推して、許慎も紙について知識があったとしてよかろう。

もう一つ注意すべきは、尹敏・景鸞には、具体的に兼通の経書名を挙げているのに、何休・許慎・蔡玄には、「五経」「六経」と総括的な名称で呼んでいることである。これは、この三人の時代には、経書が一まとめと意識されていたことを示す。(21)

皮錫瑞の挙げる前漢・後漢の学の異同の第二は、つぎのようである。

一は則ち前漢は篤く遺経を守り、撰述有ること罕《まれ》なり。章句略《ほ》ぼ備わって、文彩未だ彰《あら》われず。『(漢書)藝文志』載する所の者、説各一、二篇に止《と》まる。……後漢は則ち周防、『尚書雑記』三十二篇、四十万言を撰し、景鸞は『易説』及び『詩解』を作り、又『礼略』を撰し、及び『月令章句《がつりよう》』を作り、著述五十余万言あり。趙曄《ちようよう》は『呉越春秋』『詩細』『歴神淵』を著わし、程会は著書百餘篇、皆五経に難を通じ、又『孟子章句』を作る。何休は『公羊解詁』を作り、又『孝経』『論語』を訓注し、『春秋』を以て漢の事を駁すること六百餘条、『公羊墨守』『左氏膏肓《こうこう》』『穀梁廃疾』を作る。許慎は『五経異義』を撰し、又『説文解字』十四篇を作る。賈逵は『古文尚書同異』三巻を集め、斉・魯・韓詩と毛氏との異同を撰し、並びに『周官解故』を作る。馬融は『三伝異同説』を著わし、『孝経』『論語』『詩』『易』『三礼』『尚書』を注す。此れ其の前漢より盛んなる者の二なり。(22)

すなわち前漢の学者は、著述の量が少ないが、後漢の学者は多いということである。以上に名前の挙げられている学者が、紙を使用できたか、年代を考えてみると、周防[23]・趙曄[24]・程会[25]・賈逵は、おそらく紙の発明以前に活躍し、景鸞は不明、何休・許慎・馬融は、少なくとも紙についての知識を持っていたとしてよかろう。

ただ、紙以前に活躍した学者たちの著述は、『隋書』経籍志によれば、趙曄の『呉越春秋』と賈逵の著書を除き、伝わっていないのに、何休・許慎・馬融のは、かなり存している。これは、紙の発明によって写本が作りやすく、副本の量の差が生んだ結果ではないか。

かくて後漢の学風を集大成したのが、鄭玄《じょうげん》（一二七―二〇〇）であった。皮錫瑞は、続いていう、

> 風気益ます開き、性霊漸《ようや》く啓《ひら》き、其の前人の質樸に過ぎて更に恢張を加うる者此こに在り、其の前人の質樸に及ばずして未だ雑糅《ざつじゅう》を免れざる者も亦此こに在り。鄭君出づるに至りて、遍《あまね》く諸経に注し、言を立つること百万、漢学の大成を集む[26]。

鄭玄の学は、前漢に学官に立てられていた今文学と、前漢末から民間に起こり、後漢に盛んになった古文学の両方のテキストを総合して注釈することにあった。皮錫瑞を借れば、

> 案ずるに鄭の諸経を注するは、皆今古文を兼采す。『易』を注するに費氏の古文を用い、爻辰《こうしん》は費氏の分野に出づるも、今既に亡佚し、而して施・孟・梁丘の『易』又亡

び、以て其の同異を考うる無し。『尚書』を注するに古文を用いて、多く馬融に異なる。或いは馬は今に従いて鄭は古に従い、或いは馬は古に従いて鄭は今に従う。是れ鄭の『書』に注する、今古文を兼采するなり。『詩』を箋《せん》するに毛を以て主と為して、間ま毛の字を易《か》う。自ら云う、「若《も》し同じからざる有れば、便《すなわ》ち己が意を下す。」所謂《いわゆる》己が意とは、実に三家に本づく。是れ鄭の『詩』を箋する、今古文を兼采するなり。『儀礼《ぎらい》』を注するに並びに今古文を存す。今文に従えば則ち注の内に古文を畳出し、古文に従えば則ち注の内に今文を畳出す。是れ鄭の『儀礼』に注する、今古文を兼采するなり。『周礼《しゅらい》』は古文、今文無く、『礼記』も亦今古文の分無く、其の注皆必ずしも論ぜず。『論語』を注するに、魯論の篇章に就いて、之れに斉・古を参じ、之れに注を為して云う、「魯、某を読んで某と為す。今、古に従う。」是れ鄭の『論語』に注する、今古文を兼采するなり。『孝経』を注するは今文説多し。厳可均に輯本有り。(27)

ここから窺えるように、鄭玄は五経全部にわたって今古文のテキストを集め校訂した。もしも竹簡なら厖大な量に登るし、縑帛なら当時にあっては莫大な価値を持つものであろう。しかし、鄭玄は貧乏であったし、当時、書籍が豊富であった首都にもいなかった。その本伝にいう、

（鄭）玄、遊学してより十餘年にして乃《すなわ》ち郷里に帰る。家貧にして、東莱《とうらい》に客耕す。

学徒相随《あいしたが》うもの已《すで》に数百千人。(28)

このように、地方にいて、しかも貧しかった鄭玄が数多くのテキストを見られたというのは、すべてではないにしても、廉価にして携帯に便利な紙の書籍をかなり利用したのではなかったか。まして、鄭玄の師は、紙の書簡についての記録をのこしている馬融である。鄭玄が今古文のテキストを兼采して両漢の経学を集大成できたのは、紙の発明の恩恵を大いに受けているであろうと思われるのである。

もっとも、鄭玄が使用したのは、竹簡の書であるという意見もある。それは、鄭玄が『詩経』の注釈を「箋」と呼ぶのは、元来、竹簡の書に附した竹の小片が「箋」であり、鄭玄が自分の考えを竹の小片に書き付け、『詩経』のテキストに附したものが「箋」になったのだという。(29)しかし、鄭玄の「箋」は、分量が多く、『詩経』本文を遥かに超えるし、毛氏詁訓伝と比べてもひけを取らないぐらいである。もし、もとの竹簡の本に附け加えたら、「箋」ばかり厖大となって、書籍として使用に堪えないであろう。むしろ、時代の近い晋の張華（二三二—三〇〇）のいうように、毛公に対する謙遜の意味をこめた呼称と解すべきように思う。(30)

五

『礼記《らいき》』曲礼上篇《きょくらい》に、「礼は来り学ぶを聞くも、往き教うるを聞かず(31)」とある。鄭玄の注では、「道藝を尊ぶ」と礼の本らしく、精神面から説いているが、『礼記』の書かれた前漢のただ竹簡の書籍だけが使用された情況では、「来り学ぶ」ことはできても、「往き教うる」ことは難しかったことと思われる。そこで、学生たちは、師のところへ行って学ぶほかない。皮錫瑞はいう、

漢人、師無きの学無く、訓詁句読、皆口授に由る。後世の書の音訓備《つぶ》さに具わり、簡を視《み》て誦すべきが若《ごと》きに非ざるなり。書は皆竹簡、之れを得ること甚だ難く、若し師に従わずんば、従って写し録する無し。後世の書の購買極めて易く、兼両して載すべきが若きに非ざるなり。笈《きゅう》を負うて雲のごとく集まる、職として此れに之れ由る(32)。

このように、学生たちが師のもとに行くという風習は、後漢でもそんなに変わらなかった。又、竹簡の書籍にしても、地方では、そう簡単に入手できるものではなかった。『後漢書』呉祐伝に、つぎのような話を載せている。

(呉祐の)父恢《かい》、南海(郡)の太守と為り、祐、年十二、随従して官に到る。恢、簡

を殺青して以て経書を写さんと欲す。祐諫《いさ》めて曰く、「今、大人、五領（嶺）を踰越《ゆえつ》し、遠く海浜に在り。其の俗誠に陋《ろう》、然れども旧《も》と珍怪多く、上は国家の疑う所と為り、下は権戚の望む所と為る。此の書、若し成らば、則ち之れを兼両（車数台）に載せん。昔、馬援、意苡《いい》を以て謗《そしり》を興《おこ》し、王陽、衣嚢を以て名を徼《もと》む。嫌疑の間、誠に先賢の慎む所なり。」恢、乃ち止む。(33)

この話で注目すべきは、当時、南海すなわち今の広州では、竹簡の書籍を作るのに、殺青という竹を火であぶって脂を抜くことから始めねばならなかったこと、経書を載せるのに車数台を必要としたことである。呉祐は、桓帝の建和元年（一四七）、梁冀《りょうき》が李固を誣《ぶ》したときに、反対しているから、紙の発明以後に活躍した人であるが、その幼年時代、地方での実情はこのようであった。だから、学問をしようとする者が、師のところに雲集するのは、やむを得ないことであった。

しかし、そのうちにすこし変化があった。上文で劉梁が「朝夕自ら往きて勧誡し、身ずから経巻を執った」ことに注意したが(34)、後漢末には、このように『礼記』のころは聞くことのなかった「往き教うる」ことも行なわれるようになっていたのである。これは、前述のように、紙を使用した軽量の書籍ができたおかげではないか。また、孫期について、つぎのようなことが伝えられている。

孫期、字は仲彧《ちゅういく》、済陰（郡）成武（県）の人なり。少《わか》くして諸生と為り、『京氏易《けいしえき》』『古文尚書』を習う。家貧しくして、母に事《つか》えて至孝、豕《し》を大沢《だいたく》の中に牧し、以て奉養す。遠き人の其の学に従う者、皆経を壟畔《ろうはん》に執って以て之れを追う。(35)

学生が経を「壟畔に執る」ことができたのは、軽量化された紙の経書であったからだろう。このように書籍が軽量化されると、師のところに出かけなくても、書籍さえあれば、学習が可能になる。後漢末から魏初にかけての学者董遇《とうぐう》は、

興平（一九四―一九五）中、関中擾乱し、兄季中と将軍段煨《だんわい》に依る。稆《りよ》（野生の穀物）を采《と》り負販すれども、而れども常に経書を挟み持ち、閑に投じて習い読む。(36)

と伝えられ、又、同じころの学者隗禧《かいき》も、

初平（一九〇―一九三）中、三輔乱れ、禧、南のかた荆州に客たり。以て荒擾されず、経書を担い負うて、毎《つね》に稆を採る餘日を以て、則ち之れを誦し習う。(37)

といわれる。この二人は、師に就くことなく、労働の間に書籍によって独学したのである。このためには、労働の間でも携帯できる軽量にして、貧しい者でも所持できる低廉な書籍が供給されねばならない。それを可能にしたのは、紙の書籍の出現ではなかったか。

労働しながら学問したので有名なのは、前漢の朱買臣（?―前一一五）であるが、朱買臣の場合は、この両者と異なる。

朱買臣、……家貧しくして、読書を好み、産業を治めず、常に薪樵を艾《か》（刈）り、売りて以て食に給し、束薪を担いて、行き且つ書を誦す。其の妻も亦負戴して相随い、数《しば》しば買臣を止《とど》めて道中に歌嘔（謳）すること毋《な》からしむ。買臣愈《いよ》いよ益ます疾《と》く歌う。妻、之れを羞《は》じ、去らんことを求む。……買臣留むること能わず、即ち去るに聴《まか》す。其の後、買臣独り道中に行歌し、薪を墓の間に負う。(38)

つまり、朱買臣は、書籍を暗誦していたか、歌を謳《うた》っていたので、書籍を携帯していたのではない。この点で、前漢の朱買臣と後漢末の董遇・隗禧とでは、決定的に違うのである。

董遇・隗禧の例でも見られるように、軽量・低廉な書籍の出現は、必ずしも師に就いて学ばなくてもよいこととなり、両漢の師法・家法を重んじた学風(39)が失われることとなった。

六

紙の発明は、書籍の普及を容易にした。それと同時に書簡に使用されることで、情報の伝達にも、大いに便宜を与えたであろう。後漢末、朝廷の腐敗が追及され、その反動として党錮の禍が起こるが、それは、紙の発明によって多くの情報を得た知識階級が、体制批判に奔《はし》ったからかもしれない。技術革新は、多くの情報をもたらすことを可能にし、それは長く政権の座にある者の腐敗を暴露する。権力者は、力でおさえて、言論を統制しようとするが、それは長く続かず、やがて王朝滅亡に及ぶ。後漢末がそうであったし、明末がそうであった。明末は、万暦以後の出版業の隆盛が情報の豊富な伝達の基礎にあったと思われるが、後漢末の「匹夫抗憤、処士横議」[40]の基盤に紙の使用の普及があったのではなかろうか。歴史家の意見を伺いたいことである。

学問は、学問それ自体のおのずからなる発展ももとより存在するであろうが、案外、技術による材料などの変化が、新しい学風を可能にしたこともあるように思われる。アイゼンスティンによれば、著書に索引が附けられるようになったのは、活字印刷の影響だという[41]。人文科学のように物質の支配を一見受けにくいようなものでも、技術の発展によって影響されることもあることに常に注意をはらわねばならない。

(1) Elizabeth L. Eisenstein, *The Printing Revolution in Early Europe*, Cambridge University Press, 1983.(E・L・アイゼンステイン、別宮貞徳監訳『印刷革命』、東京　みすず書房、一九八七)、Marshall McLuhan, *The Gutenberg Galaxy——The Making of Typographic Man*, University of Tronto Press, 1962.(M・マクルーハン、森常治訳『グーテンベルクの銀河系——活字人間の形

成』、東京　みすず書房、一九八六）など。

(2)　范曄『後漢書』巻七八（北京　中華書局、一九六五、標点本、二五一三頁）。なお、蔡倫の紙の発明の意義については、以前、「中国目録学」三でも説明した（本書二五頁以下）。論旨に重複を免れないけれども、相補うところもあろうから、参照されたい。

(3)　潘吉星『中国造紙技術史稿』（北京　文物出版社、一九七九）参照。以下、考古学関係の記述は、この書による。

(4)　西漢時代の文字の書かれた紙は発見されていない。前掲書三〇頁。

(5)　司馬彪『後漢書』志巻二六、百官三（標点本、三五九六頁）。

(6)　『後漢書』巻三六（標点本、一二三六―三九頁）。

(7)　前掲書一二三八頁。

(8)　章懐太子注は、「簡紙」について「竹簡及び紙なり」というだけで、「紙」の内容には触れない（前掲書一二三九頁）。

(9)　前掲書二五四五頁。

(10)　葉徳輝『書林清話』巻二「書肆之縁起」（北京　古籍出版社、一九五七、三三頁）。

(11)　『後漢書』巻八〇下、文苑伝（標点本、二六三五頁）。

(12)　前掲書二六三九頁。

(13)　欧陽詢『藝文類聚』巻三一、人部一五、贈答（北京　中華書局、一九六五、汪紹楹校点本、五六〇頁）。

(14) 同上。

(15) 同上。

(16) 同上。

(17) 『後漢書』巻八四、列女伝(標点本、二八〇一頁)。

(18) 皮錫瑞著、周予同注釈『経学歴史』、四、経学極盛時代(北京 中華書局、一九五九、一二六—七頁)。

(19) 段玉裁『説文解字注』十三篇上(台北 藝文印書館、一九六五、影印本、六六六頁)。

(20) 『後漢書』巻七九下、儒林伝(標点本、二五八八頁)。

(21) 何休の「精研六経」、許慎の「五経無双」、蔡玄の「学通五経」は、それぞれ、『後漢書』儒林伝の語。

(22) 注(18)と同じ。

(23) 周防は、『後漢書』儒林伝に、「年十六、郡の小吏に仕う。世祖、汝南を巡狩し、掾吏を召して経を試みるに、防、尤も能く誦読す。拝して守丞と為る」(標点本、二五六〇頁)とあり、世祖光武帝の汝南巡狩を、同書光武本紀、建武十九年(四三)秋九月、汝南南頓の県舎に幸したとき(標点本、七一頁)のこととすれば、建武四年(二八)生まれ、七十八歳でなくなっているから、ちょうど蔡倫の紙が献上された元興元年(一〇五)に卒した。

(24) 趙曄は、建初中(七六—八四)になくなった杜撫の弟子だから、元興まで生きていたかどうか、微妙なところである。

(25) 程会は、建初三年(七八)、孝廉に挙げられているから、趙曄とほぼ同時代。
(26) 注(18)と同じ。
(27) 『経学歴史』(前掲書一四二頁)。
(28) 『後漢書』巻三五(標点本、一二〇七頁)。
(29) 余嘉錫「書冊制度補考」、箋(『余嘉錫論学雑著』、北京 中華書局、一九六三、五四二―三頁)。
(30) 注(29)に引用の前人の説を参照。
(31) 『十三経注疏』影印阮元本(北京 中華書局、一九八〇、一二三一頁上)。
(32) 『経学歴史』(前掲書一三二頁)。
(33) 『後漢書』巻六四、呉祐伝(標点本、二〇九九頁)。
(34) 注(12)と同じ。
(35) 『後漢書』巻七九上、儒林伝(標点本、二五五四頁)。
(36) 陳寿『三国志』巻一三、裴松之注引『魏略』(北京 中華書局、一九五九、標点本、四二〇頁)。
(37) 同上(前掲書、四二二頁)。
(38) 班固『漢書』巻六四上、朱買臣伝(北京 中華書局、一九六二、標点本、二七九一頁)。
(39) 『経学歴史』に、「前漢は師法を重んじ、後漢は家法を重んず」とある(前掲書一三六頁)。
(40) 『後漢書』巻六七、党錮伝の語(標点本、二一八五頁)。
(41) アイゼンステイン『印刷革命』、テクストおよび参考図書の再編集がもたらした効果(前掲日本語訳本、七〇頁以下)。

附記　本論文は、一九八八年五月一日、東方学会・国際アジア・北アフリカ研究会議国内委員会共催の国際東方学者会議での講演「書籍の形態と学風」の前半をもとに改稿したものである。趣旨には変更はないが、資料をおおはばに増加したので、講演の後半、印刷術の発明、巻子本から冊子本への移り変わりと、漢唐訓詁の学から宋元性理の学への変化との関係にまで及ぶことができなくなった。後漢の学風については、本論文にしばしば引用した皮錫瑞『経学歴史』のほか、狩野直喜『両漢学術考』（東京　筑摩書房、一九六四）を参考にしたが、直接引用にまで及ばなかったので、ここに記して学恩を謝する。なお、技術と学問の関係について、筆者の講演とは無関係に、平田昌司氏が「紙と印刷からみた漢語史断代」（山口大学「文学会志」三九、一九八八）を発表している。本論文の考え方と相補うので、参考していただきたい。（一九八九年六月）

あとがき

本書は、一九六六年十月から六九年九月まで、筑摩書房「世界古典文学全集」月報に十回に分けて登載した「中国目録学」と、関連して書誌学関係の論文五篇を収める。

さいしょ、月報に載せていただいたのは、先師吉川善之（幸次郎）先生の推薦による。執筆のとき、先師は、随筆的でなく、まとまりのあるように書くようにと注意された。それなら、書籍における経済性とそれに伴う技術の発展が、目録学にどのような関連を持ったかを軸に書いてみようと考えた。連載が終わってから、筑摩書房の方から、もうすこし詳しくして一冊にまとめるようお話があったが、手を加えるのもなかなか面倒であったし、間もなく、大学紛争が起こったことによって、その時間も奪われてしまった。その後、先師倉石士桓（武四郎）先生が『目録学』（東京、東洋学文献センター、一九七三）を出されたとき、「それ以後の文献」のなかに、名を挙げていただき、陳国慶著、沢谷昭次訳『漢籍版本入門』（東京、研文出版、一九八四）の「参考文献案内」に紹介されたりして、月報のコピーを求めて来る人もあった。京都大学人文科学研究所附属東洋学文献センターで隔年に開かれている漢籍目録講習会の参考資料としてコピーが配布されたこともあって、その残りなどでまかなっていたが、それも品切れになり、要求に応じられなくなっていたとき、某教授の退休記念論文集に転載させてほしいという論文集の編集者からの申し入れがあった。コピーの手間が省けることだから、承諾したら、そのあとで、筑摩書房から単行本として出したいとの話があり、論文集の編集者に事情は話さず、別の論文を論文集には書くから、転載はやめたいというと、それは困りますとのことで、同じものが、二つの本に登載されても、お互い売れなくなるだけだから、論文集に載せて、単行本は取り止めることにした。ところが、その退休論文集がどうしたわけか知らないが、出版取り止めになり、そこで単行本計画が息を吹き返したのが本書である。しかし、月報連載の「中国目録学」だけでは、一冊の本として、分量が足りないので、中国の書籍に関して書いたり、話したことを加えることにした。

さて、「中国目録学」は、書籍に関することだけに現物を見る方が分かりやすい。月報連載のときにも、関連する写真を入れ、その写真を使って説明したところがある。ところが、月報登載の写真も、筑摩書房移転のときにどこかへ紛れ込んでしまったとの話で、写真なしにするか、新たに写真を取り直すほかない。写真なしの説明は、読者に分かりにくいであろうから、写真を取り直すことにしたが、定年でやめてから、家居しているわたくしにとって、一度に必要資料を複写装置のある写真屋さんに運ぶのは大変であり、また、機関の複写部に依頼するのは、時間がかかり過ぎる。わたくし自身がカメラを提げて素人写真を取ることにした。そういう事情で、写真写りは悪いし、出版は予告より大幅に遅れるし、読者に誠に申し訳ないこととなった。なお、ことのついでに、「中国目録学」以外の論文にも、もとなかった写真を添えることにした。そんなわけで、各地の図書館をまわるひまはなく、写真撮影の書籍は、京都大学文学部所蔵とわたくし架蔵のもので、原本とは限らず、影印本や時には写真からの孫写しもあることを許していただきたい。

「中国目録学」を書いたのは、なにしろ、二十年以上前のことだから、その後、いろいろ研究が出ているし、特に中国における考古学的発見は、大量の帛書《はくしょ》・簡牘《かんとく》を、われわれの目の前に並べて見せた。それをすべてとりいれることは、わたくしの力にあまる。最小限必要と思われることを補注・再補の形で各章末に附け加えるのにとどめた。

附け加えた論文などの初出は、以下の通りである。

中国の蔵書家たち　「天地」一九七九年第十、十一号

初出の写真は、天理大学附属図書館所蔵のものによったが、このたびは、京都大学文学部所蔵のものによった。

中国のエディション　「文学」一九八九年第七号

総集の性質　「文藝論叢」（大谷大学）第二十二号、一九八四年三月

唐代詩人の伝記資料　小川環樹編『唐代の詩人』東京、大修館書店、一九七五年十一月

『唐代の詩人』という一つのまとまった本の一部分なので、その書の他の部分と関連させて説明している箇所は、文章を改め、その後の主要な研究成果を本文中に書き加えた。

紙の発明と後漢の学風　「東方学」第七十九輯、一九九〇年一月

さきに述べた某教授退休記念論文集に、「中国目録学」の代わりに載せるために構想していた考えを、論文集が立ち消えになったので、本論文の末尾に記しておいたように、一九八八年五月、国際東方学者会議で話したうち、前半に資料を増加してまとめたものである。

月報に載せてもらってから、何度かの紆余曲折を経て、やっと一冊の本に形を成した。読者から忌憚の無いご意見を賜わることができれば、著者にとってこれに過ぎる幸福はない。

一九九一年七月

清水　茂

解説

古勝隆一

本書『中国目録学』は、書名に含まれる文章「中国目録学」のほか、清水茂氏（一九二五～二〇〇八）が執筆した関連論文五篇をあわせた著作であり、一九九一年、筑摩書房から刊行された。

清水氏は中国文学の専門家である。その逝去に際して書かれた『京大広報』六三四号（二〇〇八年五月）は、清水氏の学問を次のように記述している。

正確厳密な読解力、豊富な文献学的知識を踏まえた研究業績は、中国文学・中国語学の古代から現代を覆い、あわせて江戸期学術に及ぶ。中国文学関係の代表的論文を中国語訳した『清水茂漢学論集』は、国際的にも高い評価を受けている。

また、規模の大きな中国古典文学の訳注として、『韓愈』（筑摩書房、一九八六～一九八七年、「世界古典文学全集」第三〇巻A・B)、ならびに『水滸伝』改訳版(全一〇巻。岩波書店、一九九五年)がある。また著書として、『語りの文学』(筑摩書房、一九八八年)、『中国詩文論藪』(創文社、一九八九年)、『清水茂漢学論集』(蔡毅訳、中華書局、二〇〇三年)がある。

これらはいずれも中国古典文学を主たる研究対象とした著作である。

一方、本書『中国目録学』はというと、その対象範囲は狭い意味での中国文学に限られていない。もちろん文学にも深く関わってはいるが、より広く、前近代中国の学問や書物の歴史を大局から論じた著作なのである。

まず、本書の冒頭に置かれた「中国目録学」という一文について見たい。本書の「あとがき」に見えるように、この文章はもともと「一九六六年十月から六九年九月まで、筑摩書房「世界古典文学全集」月報に十回に分けて登載」されたものであり、この文の冒頭に、「目録学」を題とした理由を、著者みずから以下のように述べている。

中国の書物に関する学問について、それをなんと名づけるか、いろいろいい方もあるだろうが、ここでは、目録学という名を使用することにした。わたくしが、一九四八年京都大学に入学した年の倉石武四郎教授の講義題目を借用したのである。(九頁)

目録学は、中国における「書物の学」の謂《い》いであるが、書物そのものを研究対象とする書誌学とは一線を画し、書物の背景にある学術・文化・技術の伝承などをも対象とし、その展開を歴史的に説明し、書目のなかに位置づける学問である。この学問的営為は、紀元前一世紀頃の、前漢時代後期の劉向《りゅうきょう》・劉歆《りゅうきん》父子の仕事にさかのぼり、その後も歴代の学者により継続されてきた。清水氏は、直接的には師の倉石武四郎（一八九七～一九七五）のタイトルを借りたと言っているが、もちろん、倉石氏以前の長大にして深厚なる目録学の歴史を踏まえ、この名称を採用したものであろう。

なおその「倉石武四郎教授の講義」の内容は、倉石武四郎『目録学』（東京大学東洋文化研究所附属東洋学文献センター刊行委員会、一九七三年。なお一九七九年刊行の汲古書院版も同内容）として読むことができる。これは講義に使われた、いわば教科書であるが、それと比較すれば、清水氏「中国目録学」は教科書でも概説でもなく、中国の学問や書物を縦横自在に語る点に特徴がある。

この文章において清水氏は、ものとしての性質を持つ書物が、どのように書物の内容や社会的な機能と連関しているのか、という点を重視する。たとえば、書写材料が竹簡から紙へと変化した際に何が生じたか、木版印刷によって学術や文化の何が変わったのか、営利出版がどのような意味を持ったか、巻子本から冊子本への変化により何が生じたか、など、書物史上の重要な事象を、この文章は問うている。

文学・思想・歴史、どのような学術分野をとっても、その研究関心の中心にあったのは、書物に書かれた内容であった。もちろん前近代以来、書物の物質的側面も知的関心の範囲内にはあったものの、物質的側面と内容とを関わらせて論じることは、この文章が書かれた一九六〇年代の中国学にあっては、先駆的な問題関心であったと言えよう。

たとえば「中国目録学」には、唐代後期に印刷された字書や暦につき、次のような叙述がある。


字書については、あきらかでないが、官刻されたという記録がない以上、供養などの意味も考えられないから、やはり営利出版であった可能性が多い。おそらく、初期の印刷は、技術者の不足などにより、はなはだコストが高く、暦や字書などのような大量の需要を持つものはともかく、その他の書物のように少部数ですむものは、採算がとれなかったのであろう。つまり、印刷にかかる総費用を部数でわったものが、その書一部を筆写するのに要する賃金より低くなければ、営利事業として書物を刊行することはできないわけである。したがって、このころ、書店で売買されたのは、やはり、主に写本であったろう。（五〇～五一頁）

唐代後期は中国における出版の草創期である。この時期における写本と印刷された版本との関連を、営利出版という経済活動の観点からとらえていることに特徴がある。版本を作るには、版木を作るための大量の木材を確保し、知識人がテクストを整えて版下を作り、職人が木材を加工して彫刻し、さらにそれを印刷する職人が紙に印刷し、さらに製本するといった一連の手順と計画が必要であり、初期投資はかなり大規模なものとなる。大きな需要がある字書や暦にして、はじめてそのような経済的な合理性のある出版が可能となった、という説明はたいへん明快なものであろう。そして何より、このように当時の文化環境をありありと推測することの重要性を教えたものであると言えよう。

清水氏自身、「あとがき」のなかで、「中国目録学」の執筆方針を述べて、「書籍における経済性とそれに伴う技術の発展が、目録学にどのような関連を持ったかを軸に書いてみようと考えた」(二〇三頁)と語っており、その場合の「経済性」というのは、たとえば上述のことであろう。社会の需要によって技術が変わり、技術によって書物が変わる、というダイナミズムを論じた著作であるとも言える。

清水氏「中国目録学」の問題関心が先駆的なものであったと先に述べたが、その後、たとえば、中国の書物文化を総合的に論じた、井上進『中国出版文化史——書物世界と知の風景』（名古屋大学出版会、二〇〇二年）や、中国書籍の魅力を語った高橋智『書誌学のすすめ――中国の愛書文化に学ぶ』（東方書店、二〇一〇年）、そして、書写材料としての竹簡・木簡に着目した冨谷至『木簡・竹簡の語る中国古代――書記の文化史』（岩波書店、二〇一四年。増補新版）、また漢代における中国最初期の目録学を論じた拙著『目録学の誕生――劉向が生んだ書物文化』（臨川書店、二〇一九年）などが出版され、中国の書物史や書写文化に関する日本語文献が充実してきた。それぞれ清水氏の関心と通ずるところがあろう。このように振り返ってみても、清水氏の先進性を思わざるをえないのである。

以下、本書に収録された、「中国目録学」以外の諸篇についても概括する。

「中国の蔵書家たち」。版本が普及して以降の蔵書家を対象として語った文章である。蔵書家については、「中国目録学」の第七節に「蔵書家のすがた」として触れられており、そこの解説として読むことができる。蔵書家が生まれるにはその条件がある、といった洞察を含む。

「中国のエディション」。営利出版が盛んになると、本を売るための工夫として、「新編」「新刻」「監本」「古本」などの広告的な文言《もんごん》を書名に添えた出版物が刊行されるようになった。その現象について例を挙げながら紹介している。さらに、容与堂蔵版『水滸伝』を例に、諸本を丁寧に比較すれば異同が見出せること、その違いをどのように考えるべきかなどを論じている。

「総集の性質」。「総集」というのは、中国文献学の術語であり、複数作者の文学作品をまとめて一部の書物にしたものをいう。著名なものとして、『文選』や『唐詩選』などがある。それら総集を読む際に注意すべきは、「編者の眼」、すなわち編者の選択眼から生じる偏りである、と清水氏は指摘し、それを念頭に置いたうえで読むように助言する。

「唐代詩人の伝記資料」。唐代の詩人を調べるための基礎資料を分類して説明している。正史に載せられた伝記と、墓誌銘と、それぞれ研究においてどのように取り扱うべきか、といった、研究者の手引きとなる実践的な内容が盛り込まれている。文学の歴史的研究においては、それぞれの文献資料の性質に細やかな目配りが必要であり、その要所を指摘したものとして貴重である。参考書類も丁寧に挙げられており、オンライン検索一辺倒の現代人こそ学ぶべきところがあろう。

「紙の発明と後漢の学風」。書写材料としての紙の発明が、如何にして生じ、如何なる影響を及ぼしたのかについて論じた論文である。中国書物史において、書写材料としての紙の出現は間違いなく最重要のテーマのひとつであるが、これを文化・学習・学術などとの関連において論じた研究として、なお貴重なものである。本書の「中国目録学」の第三節「紙の発明と巻子本」とあわせて読めば理解が深まる。ただ、後漢の蔡倫が改良した「蔡侯紙」の影響力がどの程度であったのかを含め、あらためて文献資料を再検討する余地もあろう。

以上、本書『中国目録学』所収の諸篇について概観した。本書「あとがき」に見える通り、それぞれ別々の時に別々の媒体に書かれたものであるから、構想が先にあり一貫した視座のもとに執筆されたわけではない。しかし本書全体を通読すると、冒頭の「中国目録学」を主軸とし、他の諸篇がそれを支えるように取り囲んでおり、問題関心が互いに連環していることがわかる。一部の書物としてのまとまりが感じられるということである。

また本書には、書物史上のさまざまな問題を考えるうえで留意すべきことがさりげなく示されており、中国学を志す者への教育的な配慮がしばしば見られる。著者の人と学問、教育については、東方学会の学会誌『東方学』第百三十八輯（二〇一九年七月）に、「座談会「先学を語る」――清水茂先生」（出席者は小松謙・蔡毅・高津孝・平田昌司・矢淵孝良の諸氏）に詳しいので就いて見られたいが、この座談会では本書『中国目録学』も取り上げられており、高津孝氏が以下のように評している。

『中国目録学』は非常にいいテキストです。易しく書かれているのですが、実は目録学の伝統を超えて、もっと広い書誌学的な広さを持った書物です。ここから幾らでも研究が広がるような形のヒントを与えてくれる本だと思います。『中国目録学』については非常に高く評価しています。

本書が読者に対し、いくらでも「ヒントを与えてくれる本」であるという点は、深く肯けるところである。読者の知的好奇心を刺激し、想像力を広げてくれる大らかさを備えた書物である。また高津氏は、授業のテキストとして本書を使いたいと思っても入手困難である、とも述べているが、今回の文庫化はその渇を癒すものであり、同時により広範な読者に届くものともなろう。

この解説の最後に一言しておきたいのは、本書は決して中国学という狭い世界のなかに終始するものではなく、本書で論じられる事象は世界史のなかの書物の歴史の一角を占めており、開かれた議論のなかにある、ということである。清水氏自身、「紙の発明と後漢の学風」のなかで、アイゼンステイン『印刷革命』やマクルーハン『グーテンベルクの銀河系』を参照しつつ、以下のように述べる。

学問は、それ自体の思想的発展によって変化することもあり得るけれども、時には、外的条件の変化が、学風の変化をひき起こすこともある。特に、学問と切り離すことのできない書籍の形態がしばしば学風に影響を与えていることは軽視できない問題である。最近、欧米で、印刷術の伝来が西欧の思想・文化にどういうような影響を与えたか、たとえば、グーテンベルクの印刷術がルーテルの新約聖書を生み、ひいては、プロテスタントの興隆に力を貸したことなどが論じられている。(一七七頁)

今回の文庫化を機として、人類の知的営為や書物の歴史に関心のある読者に本書が広く届くことを願ってやまない。

(こがち・りゅういち　京都大学人文科学研究所教授　中国古典学)

本書は、一九九一年九月五日、筑摩書房より刊行された。

文庫化にあたっては、古勝隆一氏のご協力の下、本文内の誤りは適宜訂正した。またルビを増やした。

謎解き『ハムレット』　河合祥一郎

優柔不断で脆弱な哲学青年——近年定着したこのハムレット像を気鋭の英文学者が根底から覆し、闇に包まれた謎の数々に新たな光のもと迫った名著。

日本とアジア　竹内好

西欧化だけが日本の近代化の道だったのか。魯迅を敬愛する思想家が、日本の近代化、中国観・アジア観を鋭く問い直した評論集。（加藤祐三）

ホームズと推理小説の時代　中尾真理

ホームズとともに誕生した推理小説。その歴史を黎明期から黄金期まで跡付け、隆盛の背景とその展開を豊富な基礎知識を交えながら展望する。

文学と悪　ジョルジュ・バタイユ　山本功訳

文学にとって至高のものとは、悪の極限を掘りあてることではないのか。サド、プルースト、カフカなど八人の作家を巡る論考。（吉本隆明）

来るべき書物　モーリス・ブランショ　粟津則雄訳

プルースト、アルトー、マラルメ、クローデル、ボルヘス、ブロッホらを対象に、20世紀フランスを代表する批評家が、その作品の精神に迫る。

プルースト 読書の喜び　保苅瑞穂

『失われた時を求めて』がかくも人を魅了するのはなぜなのか。この作品が与えてくれる愉悦を著者鍾愛の場面を通して伝える珠玉のエセー。（野崎歓）

中国詩史　吉川幸次郎　高橋和巳編

中国文学において常に主流・精髄と位置付けられてきた「詩文」。先秦から唐宋を経て近代まで、平明な文章で時代順にその流れが分かる。（川合康三）

宋詩選　小川環樹編訳

唐詩より数多いと言われる宋詩から、偉大なる詩人達の名作を厳選訳出して解釈する。親しみやすい漢詩論としても読める、選者解説も収録。（佐藤保）

ペルシャの神話　岡田恵美子

天地創造神話から、『王書』に登場する霊鳥スィームルグや英雄ロスタムの伝説までをやさしく語る。ペルシャ文学の第一人者による入門書。（沓掛良彦）

アレクサンドロス大王物語　伝カリステネス　橋本隆夫訳

アレクサンドロスの生涯は、史実を超えた伝説として西欧からイスラムに至るまでの世界に大きな影響を与えた。伝承の中核をなす書物。（澤田典子）

西洋古典学入門　久保正彰

古代ギリシア・ローマの作品を原本に近い形で復原すること。それが西洋古典学の使命である。ホメーロスなど、諸作品を紹介しつつ学問の営みを解説。

貞観政要　呉兢　守屋洋訳

大唐帝国の礎を築いた太宗が名臣たちと交わした政治問答集。編纂されて以来、帝王学の古典として屹立する。本書では、七十篇を精選・訳出。

初学者のための中国古典文献入門　坂出祥伸

文学、哲学、歴史等「中国学」を学ぶ時、必須となる古典の基礎知識。文献の体裁、版本の知識、図書分類他を丁寧に解説する。反切とは？　偽書とは？

詳講 漢詩入門　佐藤保

二千数百年の中国文学史の中でも高い地位を占める古典詩。その要点を、形式・テーマ・技巧等により系統だてて、初歩から分かりやすく詳しく学ぶ。

シュメール神話集成　杉勇　尾崎亨訳

「洪水伝説」「イナンナの冥界下り」など世界最古の神話・文学十六篇を収録。ほかでは読むことのできない貴重な原典資料。豊富な訳注・解説付き。

エジプト神話集成　杉勇　屋形禎亮訳

不死・永生を希求した古代エジプト人の遺した、ピラミッド壁面の銘文ほか、神への讃歌、予言、人生訓など重要文書約三十篇を収録。

宋名臣言行録　朱熹編　梅原郁編訳

北宋時代、総勢九十六名に及ぶ名臣たちの言動を大儒・朱熹が編纂。唐代の『貞観政要』と並ぶ帝王学の書であり、処世の範例集として今も示唆に富む。

資治通鑑　司馬光　田中謙二編訳

全二九四巻にもおよぶ膨大な歴史書『資治通鑑』のなかから、侯景の乱、安禄山の乱など名シーンを精選。破滅と欲望の交錯するドラマを流麗な訳文で。

十八史略 曾先之 今西凱夫訳 三上英司編

『史記』『漢書』『三国志』等、中国の十八の歴史書をまとめた『十八史略』から、故事成語、人物にまつわる名場面を各時代よりセレクト。（三上英司）

アミオ訳 孫子〔漢文・和訳完全対照版〕 守屋淳監訳・注解 臼井真紀訳

最強の兵法書『孫子』。この書を十八世紀ヨーロッパに紹介したアミオによる伝説の訳業がついに邦訳。その独創的解釈の全貌がいま蘇る。（伊藤大輔）

陶淵明全詩文集 林田愼之助訳注

中国・六朝時代最高の詩人、陶淵明。農耕生活から生まれた数々の名詩は、人生や社会との葛藤を映し出し、今も胸に迫る。待望の新訳注書、遂に成る。

和訳 聊斎志異 蒲松齢 柴田天馬訳

中国清代の怪異短編小説集。仙人、幽霊、妖狐たちが繰り広げるおかしくも艶やかな話の数々。日本の文豪たちにも大きな影響を与えた一書。（南條竹則）

フィレンツェ史（上） ニッコロ・マキァヴェッリ 在里寛司／米山喜晟訳

権力闘争、周辺国との駆け引き、戦争、政権転覆……。マキァヴェッリの筆によりさらにドラマチックに彩られるフィレンツェ史。文句なしの面白さ！

フィレンツェ史（下） ニッコロ・マキァヴェッリ 在里寛司／米山喜晟訳

古代ローマ時代からのフィレンツェ史を俯瞰することで見出された、歴史におけるある法則……。マキァヴェッリの真骨頂が味わえる一冊！（米山喜晟）

ギルガメシュ叙事詩 矢島文夫訳

ニネベ出土の粘土書板に初期楔形文字で記された英雄ギルガメシュの波乱万丈の物語。「イシュタルの冥界下り」を併録。最古の文学の初の邦訳。

メソポタミアの神話 矢島文夫

「バビロニアの創世記」から「ギルガメシュ叙事詩」まで、古代メソポタミアの代表的神話をやさしく紹介。第一人者による最良の入門書。（沖田瑞穂）

北欧の神話 山室静

キリスト教流入以前のヨーロッパ世界を鮮やかに語り伝える北欧神話。神々と巨人たちとが織りなす壮大な物語をやさしく説き明かす最良のガイド。

専制国家史論　足立啓二

封建的な共同団体性を欠いた専制国家・中国。歴史的にこの国はいかなる展開を遂げてきたのか。中国の特質と世界の行方を縦横に考察した比類なき論考。

暗殺者教国　岩村忍

政治外交手段として暗殺をくり返したニザリ・イスマイリ教国。広大な領土を支配したこの国の奇怪な活動を支えた教義とは？　（鈴木規夫）

増補 魔女と聖女　池上俊一

魔女狩りの嵐が吹き荒れた中近世、美徳と超自然的力により崇められる聖女も急増する。女性嫌悪と礼賛の熱狂へ人々を駆りたてたものの正体に迫る。

ムッソリーニ　ロマノ・ヴルピッタ

統一国家となって以来、イタリア人が経験した激動の歴史。その象徴ともいうべき指導者の実像とは。既成のイメージを刷新する画期的ムッソリーニ伝。

資本主義と奴隷制　エリック・ウィリアムズ　中山毅訳

産業革命は勤勉と禁欲と合理主義の精神などではなく、黒人奴隷の血と汗がもたらしたことを告発した歴史的名著。待望の文庫化。　（川北稔）

文天祥　梅原郁

モンゴル軍の入寇に対し敢然と挙兵した文天祥。宋王朝に忠義を捧げ、刑場に果てた生涯を、宋代史研究の泰斗が厚い実証とともに活写する。　（小島毅）

歴史学の擁護　リチャード・J・エヴァンズ　今関恒夫／林以知郎／與田純訳

ポストモダニズムにより歴史学はその基盤を揺るがされた。学問を擁護すべく著者は問題を再考し、論議を投げかける。原著新版の長いあとがきも訳出。

増補 中国「反日」の源流　岡本隆司

「愛国」が「反日」と結びつく中国。この心情は何に由来するのか。近代史の大家が20世紀の日中関係を解き、中国の論理を描き切る。　（五百旗頭薫）

中国の城郭都市　愛宕元

邯鄲古城、長安城、洛陽城、大都城など、中国の城郭都市の構造とその機能の変遷を、史料・考古資料をもとに紹介する類のない入門書。　（角道亮介）

王の二つの身体（上）　E・H・カントーロヴィチ　小林公訳

王の可死の身体は、いかにして不可死の身体へと変容するのか。異貌の亡命歴史家による最もラディカルな「王権の解剖学」。

王の二つの身体（下）　E・H・カントーロヴィチ　小林公訳

王朝、王冠、王の威厳。権力の自己荘厳のメカニズムを冷徹に分析する中世政治神学研究の金字塔。必読の問題作。全2巻。

世界システム論講義　川北稔

近代の世界史を有機的な展開過程として捉える見方、それが〈世界システム論〉にほかならない。第一人者が豊富なトピックとともにこの理論を解説する。

インド文化入門　辛島昇

異なる宗教・言語・文化が多様なまま統一された稀有な国インド。なぜ多様性は排除されなかったのか。共存の思想をインドの歴史に学ぶ。（竹中千春）

ブルゴーニュ公国の大公たち　ジョゼフ・カルメット　田辺保訳

中世末期、ヨーロッパにおいて燦然たる文化的達成を遂げたブルゴーニュ公国。大公四人の生涯と事績を史料の博捜とともに描出した名著。（池上俊一）

中国の歴史　岸本美緒

中国とは何か。独特の道筋をたどった中国社会の変遷を、東アジアとの関係に留意して解説。初期王朝から現代に至る通史を簡明かつダイナミックに描く。

大都会の誕生　喜安朗　川北稔

都市型の生活様式は、歴史的にどのように形成されてきたのか。この魅力的な問いに、碩学がふたつの都市の豊富な事例をふまえて重層的に描写する。

兵士の革命　木村靖二

キール軍港の水兵蜂起から、全土に広がったドイツ革命。軍内部の詳細分析を軸に、民衆も巻き込みながら帝政ドイツを崩壊させたダイナミズムに迫る。

女王陛下の影法師　君塚直隆

ジョージ三世からエリザベス二世、チャールズ三世まで、王室を陰で支えつづける君主秘書官たち。その歴史から、英国政治の実像に迫る。（伊藤之雄）

ちくま学芸文庫

中国目録学《ちゅうごくもくろくがく》

二〇二四年十二月十日　第一刷発行

著　者　清水茂（しみず・しげる）
発行者　増田健史
発行所　株式会社　筑摩書房
東京都台東区蔵前二―五―三　〒一一一―八七五五
電話番号　〇三―五六八七―二六〇一（代表）
装幀者　安野光雅
印刷所　三松堂印刷株式会社
製本所　三松堂印刷株式会社

ISBN978-4-480-51276-5 C0100